Wanderführer STEIERMARK

Reinhard Lamm

Wanderführer
STEIERMARK

DIE WEISSEN GIPFEL
Von der Rax bis zum Dachstein

styria regional

Dieser Wanderführer wurde mit allergrößter Sorgfalt erstellt und geschrieben. Dennoch erfolgen alle Angaben ohne Gewähr! Weder Autor noch Verlag können für Schäden oder Nachteile, die aus der Nutzung dieses Wanderführers entstehen, eine Haftung übernehmen.
Wandern und Bergsteigen sind Tätigkeiten, die eigenverantwortlich und mit der entsprechenden Vorbereitung durchzuführen sind!

Fotos: Reinhard Lamm

IMPRESSUM

ISBN: 978-3-7012-0172-3

© 2015 by *Styria Regional* in der
Verlagsgruppe Styria GmbH & Co KG
Wien – Graz – Klagenfurt
Alle Rechte vorbehalten

Bücher aus der Verlagsgruppe Styria gibt es
in jeder Buchhandlung und im Online-Shop

Kartenausschnitte: © BEV - Bundesamt für Eich- und Vermessungswesen
Lektorat: Mag. Philipp Rissel
Covergestaltung: Mag. Maria Schuster
Buchgestaltung: Malanda-Buchdesign, Andrea Malek, Graz
Druck und Bindung: Druckerei Theiss GmbH, St. Stefan im Lavanttal

7 6 5 4 3 2 1

Inhalt

Vorwort   9
Einleitende Informationen   10
    Naturschutz und Jagd   10
    Kultur- und Ausflugstipps   11
    Tourenbewertung, Schwierigkeitsskala   11
    Die Wegkategorien   12
    Kindereignung   13
    Ausrüstung und alpine Gefahren   14
    Anforderungen an verantwortungsvolle Wanderer   15
    Informationsstellen, Tourismusbüros, wichtige Telefonnummern   17

1. **Die Rax**
   Auf das Hochplateau an der steirisch-niederösterreichischen Grenze   18

2. **Über die Schneealpe zum Windberg**
   Almwanderung auf den gemütlichen Nachbarn der Rax   22

3. **Die Hohe Veitsch**
   Eintauchen ins Blumenmeer   26

4. **Der Hochschwab**
   Blumenwiesen, Klettergarten und Aussichtsgipfel   30

5. **Der Eisenerzer Reichenstein**
   Gleich ums Eck vom „Brotlaib der Steiermark"   36

6. **Admonter Kaibling, Sparafeld und Riffel**
   Drei-Gipfel-Tour im Gesäuse   40

7. **Das Hochtor**
   Auf den höchsten Gipfel im Nationalpark Gesäuse   44

8. **Der Bösenstein**
   Gipfelerlebnis in den Rottenmanner Tauern   50

9. **Das Gindlhorn**
   Über die Himmelsleiter — 54

10. **Zum Großen Tragl**
    Ein Ausflug in die Mondlandschaft des Toten Gebirges — 58

11. **Der Backenstein**
    Markanter Felsturm hoch über dem Grundlsee — 62

12. **Der Grimming**
    Mons Styriae altissimus — 66

13. **Der Loser**
    Zur schönsten Aussichtskanzel im Salzkammergut — 72

14. **Der Hochstubofen**
    Gipfeltouren beiderseits des Sölkpasses — 76

15. **Über die Kaltenbachseen zum Deneck**
    Im Reich von Enzian, Sumpfdotterblumen und Alpen-Habichtskraut — 80

16. **Der Predigtstuhl**
    Schroffer, aber formschöner Tauerngipfel — 84

17. **Die Hochwildstelle**
    Entlang stürzender Wasser zu Steiermarks höchstem Gipfel — 92

18. **Der Greifenberg**
    Gollinghütte–Greifenberg–Klafferkessel–Preintalerhütte — 100

19. **Der Hochgolling**
    Der Höchste der Niederen Tauern — 106

20. **Der Höchstein**
    Formschöne Pyramide über dem Ennstal — 112

21. **Steirische Kalkspitze und Lungauer Kalkspitze**
    Zwei weiße Kalkgipfel inmitten der dunklen Tauernszenerie — 118

Die beeindruckenden Dachstein-Südwände

22. Der Dachstein-Gipfel
Oben 124

23. Kleiner Gjaidstein und Hoher Gjaidstein
Hoch über den Gletschern 132

24. Die Scheichenspitz-Überschreitung
Drei weiße Gipfel hintereinander am Ramsauer Klettersteig 136

25. Der Rötelstein
Panorama-Gipfel im Banne der Dachstein-Südwände 144

26. Der Kufstein-Gipfel
Blumen- und aussichtsreich 150

27. Der Schladminger-Tauern-Höhenweg
5 Tagesetappen, von Hütte zu Hütte 154

28. Dachstein-Rundwanderweg
8 Tagesetappen, von Hütte zu Hütte 170

Vorwort

Weiß-grün: Die steirischen Landesfarben erinnern an die Harmonie der Gegensätze, die dieses Land prägen. Grün präsentieren sich die Täler, Weinberge, Almen und Wälder – weiß dagegen sind die Gipfel, auch ohne Schnee und Eis, in den kalkbleichen Gebirgszügen der Nördlichen Kalkalpen. Sie bilden das Rückgrat der alpinen Steiermark und ähneln einer wertvollen Perlenkette, wo die einzelnen Perlen in Form eindrucksvoller Berge von der Rax bis zum Dachstein reichen. Wertvoll im Sinne von attraktiver Landschaft, reizvoller Wegführung und Naturerlebnissen. Die Auswahl dieser Bergpersönlichkeiten ist natürlich subjektiv, denn das, was eine Gipfeltour unvergesslich macht, sind meist die persönlichen Erlebnisse – sie machen das Bergerlebnis wertvoll. Ob das nun eine Begegnung mit netten Menschen, seltenen Tieren, eine reizvolle Stimmung, das Gipfelpanorama oder das Entdecken von Blumen-Kostbarkeiten ist – jeder Bergwanderer hat da seine besonderen Vorlieben. Daher finden sich auch Tourenvorschläge in diesem Führer, die auf den ersten Blick nicht zu den weißen Gipfeln passen, diese aber im Sinne der Perlenkette durch ihre Höhe, Formschönheit, Aussicht und Lage perfekt ergänzen. So finden sich nicht nur die höchsten Bergziele der Steiermark in diesem Führer, sondern auch die blumenreichen und eine Selektion von kleinen, aber feinen, unscheinbaren schönen. Denn auch ein leichter, schneller „Gipfelsprint" kann befreiend sein, genauso wie eine Tour zu ungewöhnlichen Zeiten sehr aufregend sein kann, wie zum Beispiel bei Vollmond. Und Freude bereitet auch eine Mehrtagestour – zum Beispiel rund um den Dachstein oder quer durch die Schladminger Tauern. Die Steiermark ist reich an Bergen: ob im Hochschwab, Gesäuse, Salzkammergut oder in den Tauern – die „weißen Gipfel" hoch über den grünen Tälern sind sicher eine gute Wahl.

Viel Spaß beim Wandern!
Reinhard Lamm

Einleitende Informationen

Naturschutz und Jagd

Als begeisterter Bergwanderer ist uns ein Hinweis auf das Miteinander von touristischer Nutzung, Naturschutz und Jagd ein besonderes Anliegen.
Wir, die wir die Bergwelt unserer Steiermark so sehr lieben, bewegen uns bei unseren Touren fast immer auf fremdem Grund und Boden. Viele Wälder und Almen dienen unter anderem als Wirtschaftsgut für die Land- und Forstwirte. Ebenso ist die von professionellem Forst- sowie Jagdpersonal ausgeführte Hege und Pflege des Wildes ein wichtiger Bestandteil unseres Kulturgutes und sichert zum Beispiel auch das Überleben des Bannwaldes als Lawinenschutz.
Der Respekt vor der Natur und vor ihrem oft sehr sensiblen Gleichgewicht sollte für alle Wanderer, Bergsteiger und Touristen daher selbstverständlich sein. Das Zurücklassen von Müll (dazu gehören übrigens auch Zigarettenstummel und Papiertaschentücher!) oder die Begehung von, meist aus Gründen der Holzschlägerung, temporär gesperrten Gebieten, zeugt nicht gerade von großer Sensibilität.
Umgekehrt ist diese Natur- und Kulturlandschaft das wichtigste Erholungsgebiet für Einheimische und Gäste. Es hat somit einen volkswirtschaftlich nicht hoch genug zu schätzenden Wert für die Gesundheit aller Menschen! Auch können wirtschaftlich benachteiligte Regionen durch eine sinnvolle und nachhaltige touristische Erschließung die regionale Infrastruktur wie etwa Schulen, Versorgung der ansässigen Bevölkerung oder den öffentlichen Verkehr aufrechterhalten.
Daher: Miteinander und nicht gegeneinander – eine uralte, aber immer wieder viel zu wenig beachtete Weisheit!

Im Übrigen: Alpine Vereine bemühen sich bereits seit Jahrzehnten durch die Schaffung und Erhaltung von Berghütten, Wanderwegen und alpinen Steigen um eine sichere und nachhaltige touristische Nutzung des alpinen Naturraumes. Markierte Wege haben daher ihren Sinn und sollten nicht nur als unverbindliche Empfehlung angesehen werden!

Einleitende Information

Kultur- und Ausflugstipps

Die Steiermark ist ein Bundesland, das über großartige künstlerische und kulturelle Schätze verfügt. Zahlreiche Bücher wie Kultur- und Freizeitführer oder Bildbände bieten dazu allen Interessierten mannigfaltige Informationen, die allerdings den Umfang eines Wanderführers wie diesen zweifellos sprengen würden. Dennoch sind Hinweise, die speziell zur jeweiligen Wandertour passen, als „Besonderer Kultur- und Ausflugstipp" angeführt.

Tourenbewertung, Schwierigkeitsskala

Zur Orientierung der Wanderer auf den Bergwegen hat der DAV (Deutscher Alpenverein) mit dem ÖAV (Österreichischer Alpenverein) gemeinsam das AV-Bergwegekonzept entwickelt.
Wie bei der Skipisteneinteilung werden für die Schwierigkeitsklassifizierung von Wegen die Farben

- **einfach**
- **mittelschwer**
- **schwer**

verwendet. Diese Farben findet man meist als Punkt auf den gelben Wegweisern im Gebirge. Am unteren Rand der Tafeln steht oft zusätzlich der Name des Wegehalters (z. B. Alpenvereinssektion, Naturfreundesektion, Österreichischer Touristenklub, Gemeinde). Die Zwischenmarkierungen auf Bäumen, Felsen usw. sind in der Regel rot-weiß-rot, unabhängig von der Schwierigkeit des Weges. Übrigens hat die Farbgebung nichts mit allfälligen künstlerischen Aspekten zu tun. Die ideale Sichtbarkeit im Nebel bzw. in der Dämmerung ist der profane, aber oft lebensrettende Hintergrund bei Markierungen und Beschilderungen im alpinen Raum.

Die Wegekategorien:

🔵 Einfach

Einfache Bergwege sind überwiegend schmal, können steil angelegt sein, weisen aber keine absturzgefährlichen Passagen auf.

🔴 Mittelschwer

Mittelschwere Bergwege sind überwiegend schmal, oft steil angelegt und können kurze absturzgefährliche Passagen aufweisen. Es können selten auch kurze versicherte Passagen vorkommen. Auf diese wird in diesem Führer extra hingewiesen!

⚫ Schwer

Schwere Bergwege sind schmal, oft steil angelegt und oft absturzgefährlich. Es kommen zudem gehäuft versicherte Gehpassagen und/oder einfache Kletterstellen vor, die den Gebrauch der Hände erfordern. Trittsicherheit und Schwindelfreiheit sind unbedingt erforderlich. Auch hier folgt ein Hinweis bei der jeweiligen Tour.

Achtung: Klettersteige fallen in keine der drei angeführten Kategorien!

Quelle: www.alpenverein.de

Kindereignung

Wandern mit Kindern ist oft ein Unternehmen der ungleichen Interessen. Denn während die Eltern den Gipfel oder die Berghütte als Ziel ausgesucht haben, sind die Kinder vom Bach neben der Almhütte, von den Ameisenhaufen links und rechts des Weges (aus eigener Erfahrung – bei der Wanderung von Frauenberg auf das Rennfeld gab es im Vorjahr 37 davon!) oder von Papas GPS-Gerät wesentlich mehr begeistert.

Daher hängt die Eignung einer Wandertour für Kinder von mehreren Faktoren ab:

- Natürlich und vordringlich Sicherheit bzw. das Erkennen von möglicher Absturzgefahr und Gefahrenmomenten
- Infrastruktur (z. B. Hütten), vor allem bei eventuellem Regenwetter
- Länge der Tour, Kondition, Alter und Ausdauer der Kinder
- Abenteuerpunkte entlang der Tour (z. B. Aussichtswarte, Spielplatz, Wasser …)
- Kreativität der erwachsenen Begleitpersonen (Spiele wie „Ich sehe was, was du nicht siehst" können in der Natur sehr lustig und spannend gestaltet werden!)

Dieser Wanderführer bezieht sich bei der Qualifizierung zum Thema „Kindereignung" vor allem auf eventuelle Gefahrenmomente entlang der Tour sowie auf die Infrastruktur und die Dauer der Wanderung. Dazu werden hier Smileys vergeben:

☺ : Kinder ab 10 Jahre, teilweise steilere und ausgesetzte Wegpassagen möglich, Gehzeiten gesamt bis maximal 6 Stunden

☺ ☺ : Kinder ab 6 Jahre, teilweise steilere, aber ungefährliche Wegpassagen möglich, Gehzeiten gesamt bis maximal 4 Stunden

☺ ☺ ☺ : Ideale Familienwanderung, kaum steilere Wegpassagen, Gehzeiten gesamt bis maximal 3 Stunden

Nebenbei bemerkt - in diesem Buch sind die Gipfeltouren von einfach bis anspruchsvoll!
Daher sind nur ganz wenig Touren als ideale Familienwanderung gekennzeichnet. Aber die Tourenvorschläge mit einem Smiley sind für ältere Kinder sicher abenteuerlich und spannend und eine gute Gelegenheit „weisse Gipfel" zu entdecken.

Ausrüstung und alpine Gefahren

War vor einigen Jahren noch mangelnde Ausrüstung (vor allem abenteuerliches Schuhwerk) einer der Hauptgründe für alpine Unfälle, so sind heute die meisten Wanderer oft sogar „überausgerüstet". Steigeisenfeste Bergschuhe für eine Wald- und Wiesenwanderung sind nämlich ebenso sinnlos (außer für Freunde überschweren Schuhwerks) wie dreilagige Goretex®-Jacken für einen Schönwetterspaziergang zur nächsten Almhütte. Dennoch sind einige Ausrüstungsgegenstände unverzichtbar.

So etwa:
- Knöchelhohe Wanderschuhe mit griffiger Sohle
- Ein passender Rucksack (30–40 Liter Fassungsvermögen sind völlig ausreichend) inklusive kleiner Erste-Hilfe-Ausrüstung (v. a. Pflaster, Biwaksack, Alu-Wärmefolie, Dreiecktuch, Leukotape®, Taschenmesser), gegebenenfalls persönliche Medikamente
- Wetterschutz (Haube, Handschuhe, Regenschutz)
- Sonnenschutz (Brille, Sonnencreme, Kappe)
- Stirnlampe (LED)
- Mobiltelefon, Wanderkarte des jeweiligen Gebietes, idealer Maßstab 1:25.000
- ausreichend Getränke, Müsliriegel, Schokolade
- Teleskopstöcke – diese ersparen den Kniegelenken mehrere Tonnen Druckbelastung pro Wandertag
- Für Kinder: Spielzeug, Lupe (eine Ameise durch eine Lupe betrachtet ist ein tolles Erlebnis), Reservebekleidung

Doch selbst die beste Ausrüstung schützt nicht vor den klassischen alpinen Gefahren wie etwa:
- Wettersturz, Gewitter, Blitzschlag
- Steinschlag
- Nebel, schlechte Sicht, Orientierungsschwierigkeiten
- Schneefelder (vor allem im Frühjahr)
- Selbstüberschätzung und Leichtsinn, Stichworte Alkohol und Gruppenzwang!

Daher ist eine adäquate Tourenplanung unbedingt notwendig, vor allem natürlich, wenn Kinder mit auf Tour sind.

Anforderungen an verantwortungsvolle Wanderer

Noch lange, bevor die eigentliche Wandertour oder der Wanderurlaub beginnt, ist eine körperliche Vorbereitung unbedingt empfehlenswert. Rund drei Mal pro Woche circa 30 Minuten lockeres Ausdauertraining (flottes Gehen oder Joggen sowie Radfahren in einem Tempo, bei dem man noch plaudern kann) als Vorbereitung (nicht erst 5 Tage vor Beginn des Urlaubes damit starten!) ist für Normalwanderer sinnvoll. Bei längeren Touren oder Mehrtageswanderungen sollte die Dauer der Vorbereitung auf drei Mal 60 Minuten pro Woche ausgedehnt werden.

Selbstverständlich ist die jährliche Gesundenuntersuchung beim Hausarzt. Hier können allfällige Probleme frühzeitig erkannt und behandelt werden. Übrigens – die häufigste „Unfallursache" beim Wandern sind Herz-Kreislauf-Probleme!

Der nächste Schritt ist die sorgfältige Vorbereitung auf die geplante Tour:

- Passt die gewählte Länge sowie Schwierigkeit der Wanderung? Wie sieht die dazugehörende Zeitplanung aus?
- Ist die Ausrüstung vollständig und in Ordnung? „Spannend" gestaltet sich etwa ein verspäteter Hüttenabstieg bei Dunkelheit, währenddessen die Batterien der Stirnlampe den Geist aufgeben!
- Kann mit der Ausrüstung auch umgegangen werden? Z. B. Kartenlesen, Erste Hilfe
- Wer ist mit dabei – sind alle Gruppenmitglieder den Anforderungen gewachsen? Hier sind natürlich vor allem Kinder zu berücksichtigen!
- Ist die Schutzhütte, bei der das Mittagessen geplant ist, überhaupt geöffnet?
- Wie schaut es mit dem Wetterbericht aus – speziell im Hochsommer sind Gewitter zu beachten!

Die „Kommission für Bergsport" hat 2012 die 10 wichtigsten Punkte für ein sicheres und erholsames Bergwandererlebnis ausgearbeitet. Auf den Internetseiten der Alpinen Vereine (z. B. www.alpenverein.at) können diese 10 Punkte heruntergeladen werden.

Noch ein kleiner Tipp zur ungefähren Berechnung der Gehzeit für eine Wegstrecke im Gelände:

300 Höhenmeter im Auf- und 500 Höhenmeter im Abstieg pro Stunde (etwas ältere Berechnungen haben noch 400 Höhenmeter im Aufstieg als Grundlage!)

4 Kilometer Horizontalstrecke

Gesamtzeit: die Zeiten für die gesamte Horizontalstrecke (z. B. für 8 Kilometer wären dies 2 Stunden) und für die gesamte Auf- und Abstiegsleistung (z. B. für 900 Höhenmeter Aufstieg wären dies 3 Stunden) jeweils zusammenzählen:

8 Kilometer = 2 Stunden

900 Höhenmeter = 3 Stunden

Nun wird der kleinere Wert (in diesem Fall 2 Stunden) halbiert und zum größeren Wert hinzugezählt.

So ergeben sich für 900 Höhenmeter im Aufstieg auf 8 Kilometer Horizontalentfernung ca. 4 Stunden Gesamtgehzeit OHNE Pausen!

Einleitende Information

Informationsstellen, Tourismusbüros, wichtige Telefonnummern

Die wichtigsten Telefonnummern und Adressen auf einen Blick:

An- und Abreise
ÖBB (Österreichische Bundesbahnen): Tel. +43 5 1717, www.oebb.at (Fahrplanauskunft)
Busverkehr: Tel. +43 50 678910, www.verbundlinie.at (Fahrplanauskunft)

Wetter, Informations- und Notrufe
Wetter: Tel. +43 512 291600, Montag–Freitag 13–18 Uhr, es beraten Sie Meteorologen mit Bergerfahrung.

Notruf Bergrettung: 140
Notruf international: 112
Notruf Rettung: 144
Notruf Polizei: 133

Die Rax

Auf das Hochplateau an der steirisch-niederösterreichischen Grenze

Von Wien kommend erblickt man vom Semmering aus erstmals den mächtigen Kalkstock der Rax, der sich hoch und felsig über den grünen Waldgürtel erhebt. Der größere Teil der Rax gehört zu Niederösterreich, aber der höchste Gipfel, die Heukuppe, und die schönen Felsabbrüche der Raxenmäuer, also ein wesentlicher Teil, liegen schon in der Steiermark.

Viele Zugänge führen hinauf auf das weite Hochplateau und die das Plateau überragenden Gipfel. Zwei traditionsreiche Schutzhäuser bieten in rund 1800 m Seehöhe sichere Unterkunft und laden ein zur Rast. Schon Peter Rosegger hat im Karl-Ludwig-Haus mit seinen beiden Buben genächtigt und eine zutreffende Beschreibung des Raxplateaus in seinem Buch „Spaziergänge in der Heimat" aus dem Jahre 1877 gemacht: „Ja, auf diesem Berge stehen ja eine Menge Berge! Kahle Kuppen, Wände, Schluchten, Schutthalden, Kare mit Schneelagern, dunkelnde Zirmflächen, Matten mit Sennhütten, baumlos, wasserlos – das ist der Charakter des weiten Hochplateaus der nach allen Seiten schroff abstürzenden Rax, auf welchem ganz Wien mit all seinen Vorstädten Platz hätte."

Kurze, versicherte Passage zum Rax-Plateau

Die Rax

Am Wetterkogel – hoch über den Tälern

Wegbeschreibung:
Faszinierend finde ich die fast unzähligen Varianten an Zustiegen zur Rax. Da ist für jeden etwas dabei, sowohl was die Länge des Aufstiegs als auch den Schwierigkeitsgrad betrifft. Es war schon spät im Herbst, als uns ein besonders klarer Tag auf die Rax lockte. Im oberen Mürztal, in Kapellen, zweigt man ab zum Preiner Gscheid (auch von dort führt ein beliebter Anstieg hinauf). Kurz nach dem Gasthof Alpenjäger, zweigt nochmals ein Sträßchen ab zum Alpengasthof Moassa in 1160 m, unserem Wanderausgangspunkt. Der einladende Gasthof verlockt schon vor Beginn der Wanderung zur Einkehr, aber der Tag war zu schön, um zu trödeln. Die gelben Tafeln weisen sowohl nach rechts als auch nach links – je nach Lust und Kondition. Wir sind rechts den gelben Wegweisern Richtung Reißtaler Hütte am Redensteig gefolgt und zunächst gemütlich im Hochwald aufgestiegen. Die herbstlichen Frühnebel hatten die jungen Fichten und Lärchen mit glitzernden Tautropfen verziert. Aber beinahe noch schöner war der Anblick der schönen, blauen Bergstaffeln in der Ferne, der sich uns über der Waldgrenze bot, als wir oberhalb der zart weißen Dunstschichten bergauf wanderten. Auf abwechselnd breitem Weg, dann wieder auf schmäleren Steigen zwischen den Forstwegen (grün-weiß markiert) wanderten wir bis zu der privaten Hütte. Das hohe, leuchtend gelbe Gras am Wegrand kontrastierte perfekt mit den dunstigen, hellblau-

en Tälern und grünen Höhenrücken. Bei der Hütte mündet auch der Reißtalersteig vom Preiner Gscheid kommend in den Forstweg und führt dann links weiter. Wir aber sind noch ein Stück dem Forstweg gefolgt und haben uns dann für den lins abbiegenden Gretchen Steig entschieden, der, als einer von mehreren Varianten, wie Martinsteig, Raxmäuersteig (umgeht die Felsabbrüche südlich) oder Kontrußsteig, ebenfalls auf das Rax-Plateau führt. Steil geht es weiter, die letzten hohen Lärchen bleiben zurück und der nun schmale Steig führt durch Latschengassen unterhalb der steilen, kalkbleichen Raxenmäuer immer näher zu den Felsen. Über eine kurze, felsige, aber gut gesicherte Stufe steigt man zum Wetterkogel auf und erreicht damit das

■ **Ausgangs- und Endpunkt:**
Alpengasthof Moassa, 1172 m, UTM N 5280690, 33 550555. Von Mürzzuschlag nach Kapellen, danach auf der Straße zum Preiner Gscheid zum GH Moassa abzweigen.

■ **Gipfel:**
Heukuppe, 2007 m, UTM N 5281980, 33 551715

■ **Höhenunterschied:**
640 m bis Karl-Ludwig-Haus. 860 m bis Gipfel Heukuppe im Auf- und Abstieg

■ **Gehzeit gesamt:**
2 Std. bis Wetterkogel, 2 ¾ Std. bis Heukuppe. Abstieg am selben Weg 2 bis 2 ½ Std.
Runde über Zahmes Gamseck und Altenberg Steig, Weg Nr. 801, ca. 4 ½ Std.

■ **Stützpunkte:**
Karl-Ludwig-Haus am Hochplateau der Rax, 1804 m, UTM N 5281915, 33 552850, Nächtigung möglich, Tel. +43 2665 380, www.karlludwighaus.at; Alpengasthof Moassa

■ **Schwierigkeit:**
Rot mit schwarzen Teilbereichen. Forstwege, steile Anstiege, gesicherte Felsstufe, Almpfade.

■ **ÖK-Nummer/Titel:**
Österreichische Karte des Bundesamtes für Eich- und Vermessungswesen Nr. 104

■ **Tipp:**
Die Blumenvielfalt im Frühling und Frühsommer. Die Farbenpracht der Lärchen im Spätherbst.

Die Rax

Rax-Plateau mit Kircherl und Karl-Ludwig-Haus

grasige Plateau mit dem Raxkircherl ganz in der Nähe. Nicht sehr viel weiter, nur 10 Minuten Gehzeit entfernt, leuchtet das von Grund auf neu renovierte Karl-Ludwig-Haus herüber. Und direkt am Plateaurücken steigt man eher gemütlich in 45 Minuten am Wetterkogelsteig hinauf zum Gipfel der Heukuppe, mit dem Kriegerdenkmal anstelle eines Gipfelkreuzes. Zeit, um den Weitblick zu genießen: über das ausgedehnte Plateau mit Latschenfeldern, Gipfeln und felsigen Abbrüchen, den tief unten liegenden Tälern, aus denen die sich verzweigenden, waldreichen Höhenzüge des Wechsels und der Waldheimat erheben bis zu den Bergen im Westen, wo sich, wie helle Inseln im grünen Meer des Waldes, die hellen Gipfelkuppen der Veitsch und des Hochschwab zeigen. Für den Rückweg bietet sich die Runde über den nordwestlichen Bereich der Heukuppe an: Richtung Zahmes Gamseck (Nr. 801) und über den Altenbergsteig (Trittsicherheit) und Karrer Alm zurück zum Gasthof Moassa. Ansonsten am selben Weg zurück, der mir besonders mit der Aussicht vom Wetterkogel aus gut gefallen hat. Dieser Wandervorschlag ist ja nur ein erstes Abtasten dieses reizvollen und vielfältigen Bergmassivs, der nicht weit von Roseggers Waldheimat entfernt sozusagen den Anfang macht mit den „weißen Gipfeln", denen wir immer weiter nach Westen folgen werden. Ein Resümee dieser schönen Tour: Die Rax, überraschend alpin und überaus vielfältig.

Besonderer Kultur- und Ausflugstipp:

In Neuberg an der Mürz, nicht weit von Kapellen, ist das große Münster absolut sehenswert und wer sich für Eisenbahnen interessiert, wird vom Südbahnmuseum in Mürzzuschlag begeistert sein, www.suedbahnmuseum.at.

Über die Schneealpe zum Windberg

Almwanderung auf den gemütlichen Nachbarn der Rax

Am Oberlauf der Mürz, in den Mürzsteger Alpen, mischen sich markante, hell leuchtende Felsstufen in die dunkelgrünen Wälder und lenken des Wanderers Blick zu den Höhen. Zwischen Kapellen und Neuberg an der Mürz führt eine schmale Mautstraße bis hoch hinauf in den Bereich der Schneealpe. Dort, in ungefähr 1700 m, oberhalb der Waldgrenze, befindet sich eine sanft kupierte Almhochfläche mit einer Almsiedlung unterhalb des Windberges. Ein leicht erreichbares Wanderziel mit vielen Vorteilen: Reizvolle Ausblicke, weite, sanfte Almböden mit reicher Flora, einladende Almhütten sowie das gastliche und weithin sichtbare Schneealpenhaus auf der exponierten Kuppe – wie gemacht für eine schöne Genusswanderung, mit oder ohne Gipfel.

Hoch über dem Tal der jungen Mürz und Blick zur Hohen Veitsch

Über die Schneealpe zum Windberg

Aussichtsloge Schneealpenhaus

Wegbeschreibung:

Kurz vor Neuberg an der Mürz, von Kapellen kommend, zweigt nach Norden ein Sträßchen zum stattlichen Gehöft Michlbauer ab, wo eine kleine Gebühr für die Benutzung der Mautstraße zum P Kohlebnerstand unterhalb des Kampl zu entrichten ist. Man wandert zunächst in schönem Mischwald die Serpentinen der für den normalen Verkehr gesperrten Straße weiter hinauf bis zum Sender. Zwischendurch zeigt sich schon oberhalb der steil abbrechenden Felskante das schön gelegene Schneealpenhaus und östlich davon erhebt sich die Rax mit ihrem beeindruckenden Felsgürtel. Etwas höher als der Sender, bei der kleinen Unterstandshütte (Kutatschhütte) führt links ein kurzer Abstecher, unmarkiert, durch eine Latschengasse zu einem grandiosen Aussichtsplatz. Hoch über dem Mürztal, auf einem Felsvorsprung stehend, genießt man eine tolle Aussicht über Berg und Tal, aber speziell der massige Kalkstock der Hohen Veitsch im Westen zieht den Blick auf sich. Fast senkrecht brechen hier die felsigen Abbrüche des Rauhenstein ab und markieren so das Ende des Almplateaus. Wenn man sich sattgesehen hat, geht es zurück zur Kutatschhütte. Von dort folgt man den Pfad mit der Markierung Nr. 445. Es geht weiter in sanft kupiertem Gelände durch Latschengassen und an bunten Blumenpolstern vorbei bis zu einem Sattel. Und von hier aus überblickt man die ganze Almhochfläche: Almwiesen, Latschenpolster, kleine und größere Lacken, die kleine Ansammlung von Almhütten am Fuße des darüber aufragenden Windberges und am südöstlichen Plateau-Rand thront weithin sichtbar das Schneealpenhaus mit der Rax im Hintergrund. Wer nur eine kurze Wanderung bevorzugt, folgt vom Sattel aus ein kurzes Stück der schmalen Straße und spaziert dann am Wiesenpfad Nr. 445 in ¼ Stunde direkt zum Schneealpenhaus. Für die etwas weitere Variante folgt man vom Sattel aus den Pfad Nr. 447 nach Norden durch den weiten Almboden bis zur Michlbauer- und Rinnerhoferhütte, steigt von dort über Almmatten auf einem gut sichtbaren Steig im weiten Bogen hinauf zum Rücken und folgt diesem bis zum Gipfel des Windberges. Wunderschön ist der Tiefblick

- **Ausgangs- und Endpunkt:**
  Oberes Mürztal. Sowohl von Kapellen aus als auch kurz vor Neuberg (Tafel Schneealpe) führen schmale Wirtschaftsstraßen (mautpflichtig) zum Parkplatz Kohlebnerstand in 1462 m.
- **Gipfel:**
  Windberg, 1903 m, UTM N 5283495, 33 544615
- **Höhenunterschied:**
  470 m im Auf- und Abstieg bis zum Gipfel, 320 m bis zum Schneealpenhaus (1784 m)
- **Gehzeit gesamt:**
  Rundweg über Windberg und Schneealpenhaus 3 ¼ Std. Zugang Schneealpenhaus ca. 1 bis 1 ¼ Std., Michlbauer- und Rinnerhoferhütte ca. 1 ¼ Std. Hinweg.
- **Stützpunkte:**
  Schneealpenhaus, 1784 m, UTM N 5282720, 33 545735, Tel. +43 3857 2190, www.schneealpenhaus.com
  Michlbauerhütte, 1731 m, UTM N 5283000, 33 545075
  Rinnerhoferhütte
- **Schwierigkeit:**
  Leichte Bergtour, ideale Familienwanderung. Wirtschaftsstraße, Almwege und Steige
- **Tipp:**
  Die blumenreichen Almmatten im Frühsommer.

Über die Schneealpe zum Windberg

Über den schönen Almboden zum Windberg-Gipfel

über den Almboden mit dem kleinen Almdorf und dem Schneealpenhaus auf seiner exponierten Kuppe. Die Kalkfelsen der Rax dahinter zeigen sich fast weiß in der Nachmittagssonne während die grünen Höhenrücken der Waldheimat im Süden sich fast endlos fortsetzen und verzweigen, bis sie im Westen von der Hohen Veitsch und dem Hochschwabmassiv unterbrochen werden.

Zurück geht es am selben Weg; bleibt die schwere Entscheidung, in welcher der beiden Hütten man einkehrt. Verlängert man aber die Runde bis zum Schneealpenhaus, dann kann man schon oberhalb der Hütten den Steig nehmen, der geradeaus hinüber zum Schutzhaus führt. Zum Abstieg entweder von den Almhütten (Nr. 447) oder vom Schutzhaus (Nr. 445) über den Almboden zum Sattel auf der Brandhöhe und von dort hinunter zum Parkplatz. Bei gutem Wetter sind der Windberg-Gipfel, die Almhütten und das Schneealpenhaus immer in Sichtweite und gut überschaubar – bei Nebel: Vorsicht im Almgelände! Fazit: Genusswanderung – nicht zu lang, schöne Aussicht und gute Einkehrmöglichkeiten auf der Alm.

Die Hohe Veitsch

3

Eintauchen ins Blumenmeer

Freistehend und eine prächtige Aussicht nach allen Seiten bietend erhebt sich der Kalkstock der Hohen Veitsch zwischen den Orten Veitsch und Turnau. Viele Wege führen auf und über die Hohe Veitsch, wie zum Beispiel auch vom Niederalpl. Und für Pilger, die den Mariazeller Weg von Graz aus begehen, ist die Hohe Veitsch der höchste Punkt der gesamten Wanderung und meist auch eine Herausforderung. Im Juli und August ertönt überall der Glockenklang des Weideviehs und eine unwahrscheinliche Blütenpracht reicht von der Brunnalm bis hinauf zum Gipfel.

Wegbeschreibung:
Wir haben die Hohe Veitsch von Veitsch aus, genauer gesagt von der Brunnalm aus in Angriff genommen und haben uns dort für den Panoramaweg entschieden. Vom Parkplatz aus folgten wir dem gut

Dunkle Waldberge begleiten die weißen Gipfel

Die Hohe Veitsch

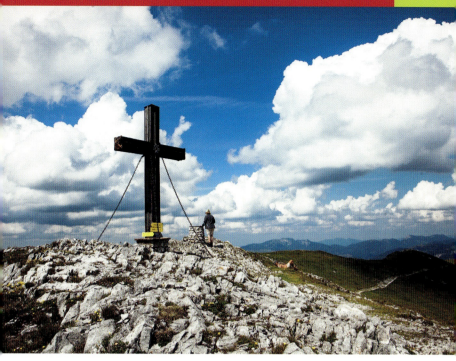

Hohe Veitsch – Weiterweg zum Niederalpl

markierten Panoramaweg, der als Forstweg in langgezogenen Schleifen, zunächst durch Wald, später durch Almgelände am Südabhang unterhalb des Predigtstuhls, nicht besonders steil, hinauf Richtung Schalleralm führt. Was uns begeistert hat, waren die unzähligen weißen und gelben Margeriten entlang des Weges und – überraschend – die vielen, schönen Türkenbund Lilien, die den Wegrand zierten. Nach einer guten Stunde Gehzeit ist die Halterhütte erreicht und wenig später, bei einem Gatter, gabeln sich die Wege. Geradeaus geht es über die Schalleralm zur Rotsohlalm, rechts führt der viel begangene, alpine Steig Nr. 465 steil hinauf zum Graf-Meran-Haus. Vom Gatter geht es gleich steil über die Wiese bergan, dann noch kurz durch ein Waldstück und oberhalb der Waldgrenze beginnen die 14 steilen Serpentinen, die uns noch vom Schutzhaus trennen. Die Sonne scheint voll auf den Südhang und sinnvollerweise hat der Hüttenwirt die Serpentinen nummeriert und bezeichnet, sodass man im Schweiße seines Angesichtes genau weiß, wie viele Serpentinen man noch vor sich hat. Allerdings hat uns der Blumenreichtum von den Mühen des Anstiegs etwas abgelenkt. Immer näher kommt der große Warnpfeil für die Materialseilbahn und dann ist es geschafft, der Plateaurand ist erreicht und es sind nur noch ein paar Schritte bis zur einladenden Ter-

Die weißen Gipfel

rasse des Graf-Meran-Hauses. Eine Erfrischung wie auch eine kurze Rast tut gut, denn wir sind entgegen unserer sonstigen Gewohnheit erst gegen Mittag aufgebrochen und haben so die heiße Mittagszeit voll ausgekostet! Vom Schutzhaus sind es nur noch 150 Höhenmeter bis zum Gipfel. Grüne Almmatten mit unzähligen Blumenpolstern in Rosa, Gelb und Blau säumen den Gipfelanstieg. Auf diesem Weg von der Alm bis zum Gipfel kann man im Juli alle Vegetationsperioden der Blumen erleben – am Gipfel war es erst Frühjahr, im Tal bereits Hochsommer. Und jetzt zur Gipfelaussicht: steil brechen die Felsen der Bärentaler Wand nach Westen, Richtung Rotsohl- und Turnauer

■ **Ausgangs- und Endpunkt:**
Von der Veitsch weiter bis zur Brunnalm – P in 1154 m, UTM N 5275495, 33 531885

■ **Gipfel:**
Hohe Veitsch, 1981 m,
UTM N 5277325, 33 530460

■ **Höhenunterschied:**
830 Höhenmeter im Auf- und Abstieg bis zum Gipfel, 682 Höhenmeter bis zum Graf-Meran-Haus

■ **Gehzeit gesamt:**
2 Stunden bis zum Graf-Meran-Haus, 2 ½ Std. bis zum Gipfel, ca. 4 Std. gesamt

■ **Stützpunkte:**
GH Brunnalm, GH Scheikl, Rotsohlalm

Graf-Meran-Haus, 1836 m, UTM N 5276890, 33 530760, Tel. +43 664 1513220, www.touristenclub.at

■ **Schwierigkeit:**
Unschwierige Bergwanderung, steile Teilbereiche, sanftes Gipfelplateau

■ **ÖK-Nummer/Titel:**
Österreichische Karte des Bundesamtes für Eich- und Vermessungswesen Nr. 50/25V

■ **Tipp:**
Wie bei den meisten Kalkbergen ist die reiche Alpenflora im Juni und Juli besonders vielfältig.
Kurz nach der Ortschaft Veitsch führt eine Straße und Fußweg zum großen, begehbaren Pilgerkreuz, das weithin sichtbar zu einem Besuch einlädt.

Zottiges Habichtskraut und Türkenbund (rechts)

Almen ab; nach Osten zu sind die Kalkstöcke der Schneealpe und Rax sichtbar und nach Norden zu verlaufen die Wege über das Hochplateau Richtung Niederalpl, während sich gegen Süden die grünen Waldrücken der Waldheimat bis zum Wechsel fortsetzen. In den mächtigen Wolkentürmen oberhalb des Gipfels war das Rauschen zweier Segelflieger überdeutlich zu hören, ansonsten hat nichts die Gipfelruhe gestört. Nachdem für den späteren Nachmittag Gewitter angesagt waren und sich die weißen Quellwolken immer höher türmten, haben wir gleich wieder mit dem Abstieg begonnen. Einige „Mariazell-Geher" waren noch unterwegs und froh, als sie die Hütte erreichten und wir waren froh, weil sich die Sonne im Steilhang gnädigerweise hinter den Wolken versteckte. Trotzdem ist es uns noch warm genug geworden. Beim Wegknoten am Gatter zweigt rechts die gemütlichere, empfehlenswertere, wenn auch längere Abstiegsvariante über die Rotsohlalm ab. Wir haben in Anbetracht des Wetters den steilen und kürzeren Abstieg unterhalb der Lifttrasse gewählt, sind beim Speicherteich vorbei, beinahe weglos direkt hinunter zum Alpengasthof Scheikl gehastet – das war zwar kein knieschonender Abstieg, aber in Anbetracht des Wetters vertretbar! Vom „Scheikl" wandert man leicht bergab noch ein kurzes Stück auf der Verbindungsstraße und quert dann zum Brunnalm-Parkplatz hinüber. Der kleine Bach dazwischen hat dann gute Dienste geleistet – beim Kühlen der heißgelaufenen Füße. Eine herrliche Erfrischung! Und kaum im Auto, hat es auch schon zu regnen begonnen ...!

Die vielen anderen Wege auf die Hohe Veitsch – vom Niederalpl, von Turnau, von Mürzsteg oder von der Rotsohlalm aus über den Teufelsteig ... sie alle sind nicht weniger interessant; der traditionsreiche Gipfel ist immer gut für eine erlebnisreiche Wanderung.

Der Hochschwab

Blumenwiesen, Klettergarten und Aussichtsgipfel

Der Hochschwab ist immer ein Erlebnis und eine Bergtour wert. Riesig, mächtig, ein gewaltiger Kalkstock mit einsamen Hochflächen, tiefen Schluchten, bizarren Felstürmen, weiten Almmatten, die von steilen Felsabbrüchen begrenzt werden, versteckten Seen und üppigen Blumenwiesen – von den vielen Gämsen ganz zu schweigen. Als Wasserspender für die Bundeshauptstadt Wien hat er als „Berg" auch bundesweite Bedeutung – obwohl man ihn sonst gerne als den „steirischsten aller steirischen Berge" bezeichnet. Am Hochschwab locken kurze Wanderungen zu blumenreichen Almwiesen, aber auch lange Bergtouren zum Gipfel. Einsame Anstiege gibt es zuhauf und auch für Kletterer gibt es Routen in allen Schwierigkeitsgraden. Aus allen Himmelsrichtungen führen Wege und Routen zum Gipfel, der für seine Aussicht berühmt ist. Schon Peter Rosegger rühmte sein Panorama: „Vom Schwab aus ist

Am Endriegel – felsige Abbrüche, Almmatten und schöne Aussicht

die Hauptreliefkarte der Steiermark zu sehen. Ein Meer von unzähligen Bergkämmen und Spitzen, aber wegen der breiten Vorberge des Hochschwab sieht man kein Tal, keine menschliche Ansiedlung." Blumen, Gämsen und Felsen in großer Fülle warten am Hochschwab darauf erlebt und entdeckt zu werden – zwei Vorschläge: einer zum Gipfel und der andere zu den Wiesen mit Petergstamm, Edelweiß und Arnika sollten hilfreich sein.

Wegbeschreibung:
Almrausch, Enzian und Edelweiß
Ausgehend von der Aflenzer Bürgeralm in 1550 m, die man mittels Seilbahn oder auf einer Mautstraße erreicht, kann man am Weg Nr. 862 hinauf zum Endriegel wandern oder am direkteren Weg unterhalb der Liftstützen weglos zum Schönleitenhaus aufsteigen. Oben angekommen, erwartet einen ein prächtiges Panorama. Man schlendert den Pfad am Felsabbruch des Endriegels entlang, geht im Zickzack von Blumenpolster zu Blumenpolster, schenkt seine Aufmerksamkeit den rosa Blüten der Steinnelken, der violetten Mehlprimel, den weißen Blüten der Anemonen und den blauen Kelchen des Enzians. Lässt sich von den Rastplätzen des Weideviehs überraschen, die sich anscheinend besonders gerne an den Kanten der Steilabbrüche aufhalten und dort ihre Liegeplätze haben. Im etwas tiefer gelegenen Sattel geht es rechts zum felsigen Feistringstein und geradeaus hinauf über den steilen Grashang zum Zlackensattel. Der nun folgende Boden der Mitteralpe ist ein Blumenparadies: von Blumenhügel zu Blumenhügel und von Schneefleck zu Schneefleck geht die Entdeckungsreise. Wir waren Anfang Juli dort oben in knapp 1900 m unterwegs und haben noch ein paar blühende Goldaurikel (Petergstamm) entdeckt. Der ganze Boden war noch mit den fetten Blättern des Petergstamm übersäht – was wäre das zwei Wochen früher für ein Bild gewesen? Andererseits waren jetzt die weißen Anemonen, das narzissenblättrige Windröschen, das rosa Kohlröschen, der blaue Enzian und die

roten Almrosen in voller Blüte. Auch eine neugierige Gämse hat sich auf einem Schneefleck gekühlt und uns nahe herangelassen, während wir unsere Jause in diesem Blumengarten zu uns nahmen. Auf dem Rückweg haben wir unterhalb des Zlackensattels noch einen kurzen Abstecher durch eine lange Latschengasse zum Felskamm des Höchstein gemacht und uns an den vielen Wiesen-Edelweiß erfreut. Auf dem Almweg Nr. 862 wanderten wir zurück über die Almen und durch Arnika-Wiesen zu den Hütten auf der Bürgeralm. Fazit: eine leichte Almwanderung ohne Gipfel, aber mit herrlichen Aussichten und unzähligen Blumen, speziell zu dieser Jahreszeit.

■ **Ausgangs- und Endpunkt:**
Aflenzer Bürgeralm, 1560 m, UTM N 5268470, 33 517210

■ **Gipfel:**
Kein Gipfel, höchster Punkt ist die Mitteralpe oder das Kampl in 1990 m, UTM N 5272515, 33 516150

■ **Höhenunterschied:**
ca. 400 m im Auf- und Abstieg

■ **Gehzeit gesamt:**
ca. 3 Stunden

■ **Stützpunkte:**
Bürgeralm GH Pertl, Naturfreundehaus und Schönleitenblick

■ **Schwierigkeit:**
Leichte Wanderung

■ **ÖK-Nummer/Titel:**
Österreichische Karte des Bundesamtes für Eich- und Vermessungswesen Nr. 102

Der Hochschwab

Auf den Gipfel des Hochschwab

Zahlreiche Zugänge führen aus allen Himmelsrichtungen auf den Gipfel des Hochschwab – lange Wege! Vom Bodenbauer über das G'hackte direkt hinauf oder von Seewiesen durch das Seetal und der Unteren Dullwitz (Nr. 801) bis zur Voisthaler Hütte und von dort über das Hochtal der Oberen Dullwitz und den Graf Meran Steig zum Schiestlhaus unterhalb des Gipfels. Eine noch längere, dafür aber auch sehr attraktive Anmarschroute ist die Höhenwanderung vom Seebergsattel aus über die Aflenzer Staritzen und das Ochsenreichkar zum Gipfel – und mit dem Rückweg über den Graf Meran Steig zur Voisthaler Hütte, wo sich viele Wege verzweigen, lässt sich eine schöne Rundwanderung gestalten. Und auch aus dem Salzatal führt eine anspruchsvolle, aber schöne Tour von Weichselboden über die Edelbodenalm und die Samstatt zum Weihbrunnkessel, wo man auf den Weg von der Aflenzer Staritzen kommend trifft, der weiter zum Schiestlhaus und zum Gipfel ansteigt. 1500 Höhenmeter und 4 ½ bis 5 Stunden Gehzeit bis zum Gipfel sind eine Ansage!

Hochschwab-Gipfel gen Osten

Von den vielen Möglichkeiten, zum Gipfel zu gelangen, habe ich mich einst für die Route von der Fölz aus entschieden. Ich war neugierig auf diesen Berg, kannte den „Schwobn" überhaupt nicht und bin eines Tages im Herbst, zeitig am Morgen, von der Ramsau aus zum Ausgangspunkt, dem kleinen Parkplatz im Fölzgraben bei Thörl, kurz vor Aflenz, gefahren. Ein beliebter Anstieg: Man geht am Bach entlang durch eine malerische, kleine Klamm, dann bin ich nicht durch den Fölzboden, sondern am ehemaligen Gasthaus Schwabenbartl (Nr. 860) vorbei auf einem Schottersteig durch den Wald über den Fölzriegel bis zur Waldgrenze aufgestiegen. Unterhalb der hellen Felswände der Fölzalm führt der Steig über steinige Hänge zu den beiden nebeneinander liegenden, bekannten Almhütten (Grasser- und Herzerhütte). Begleitet von den Felstürmen Fölzstein und Schartenspitze zieht der Weg über steile Grasrücken, dann wieder auf fast ebenem Boden durch Latschengassen über die Fölzalm hinauf bis zum Fölzsattel, wo der Weg vom Kampl und der Mitteralpe (Nr. 862) kommend einmündet. Dort sind mir auch schon die ersten Gämsen begegnet, was mir eine willkommene Verschnaufpause ermöglichte, denn sie waren nicht flüchtig und so konnte ich nach Herzenslust fotografieren. Der schmale, schrofige Steig führt nun hoch über der Unteren Dullwitz über den Ochsensteig zur Voisthaler Hütte, wo auch die Route von Seewiesen (Nr. 801) kommend einmündet. Es folgt der lange Weg durch das Hochtal der Oberen Dullwitz bis zum Zusammentreff mit dem Weg Nr. 851, der vom G'hacktbrunn kommend nun gemeinsam (Nr. 4/6) die nächsten 400 Höhenmeter am Graf Meran Steig durch Höhentäler, dann wieder über weite Böden auf das Plateau unterhalb des Gipfels führt. Das ideal gelegene, modern eingerichtete Schutzhaus, das Schiestlhaus, liegt in 2153 m unterhalb des Gipfels, der nur 20 bis 30 Minuten Gehzeit entfernt ist. Mittlerweile war es schon früher Nachmittag und am Gipfel haben hohe Wolkentürme die Aussicht behindert, aber es war trotzdem beeindruckend. Man sieht keinen Ort, keinen Kirchturm, dafür aber riesige, zerschrundene Hochflächen, Höhenrücken, Mulden und Kare und andere Berge …! Im Herbst sind die sonst so blumenreichen Almmatten schon gelb und ockerfarben gefärbt und vermitteln einen völlig anderen Eindruck als im Sommer. Ganz im Westen, im Einschnitt der beiden Gesäusegruppen (Hochtor und Buchstein) war für einen kurzen Moment das Eisfeld am Dachstein erkennbar, geradeso, wie es Peter Rosegger schon gesehen und beschrieben hatte. Ich freue mich jedes Mal, wenn es mir gelingt, so markante wie genaue Textpassagen aus Peter Roseggers Wanderbüchern in natura zu sehen und zu entdecken. Am Rückweg, natürlich nach einer kurzen Einkehr im Schiestlhaus, habe ich keinen Menschen mehr getroffen, nur einen zahmen Fuchs auf der Terrasse der Voisthaler Hütte und später noch ein paar Gämsen. Ich habe mich aufgrund des schon weit fortgeschrittenen Nachmittages ordentlich

- **Ausgangs- und Endpunkt:**
  Thörl bei Aflenz, Parkplatz im Fölzgraben
- **Gipfel:**
  Hochschwab, 2277 m, UTM N 5273880, 33 510730
- **Höhenunterschied:**
  1470 Höhenmeter im Auf- und Abstieg
- **Gehzeit gesamt:**
  Aufstieg ca. 5 Std., gesamt ca. 9 Std.
- **Stützpunkte:**
  Fölzalm: Grasser- und Herzerhütte, 1484 m, UTM N 5271870, 33 514170

Voisthaler Hütte, 1654 m, UTM N 5273210, 33 513585, Tel. +43 664 5112475
Schiestlhaus, 2153 m, UTM N 5274315, 33 511145, Tel. +43 699 10812199

- **Schwierigkeit:**
  Leichte, aber lange Bergtour
- **ÖK-Nummer/Titel:**
  Österreichische Karte des Bundesamtes für Eich- und Vermessungswesen Nr. 102
- **Tipp:**
  Gämsen- und Blumenreichtum

Der Hochschwab

Ausblick vom Gipfel gen Westen zum Gesäuse

beeilt, bin vom Fölzsattel aus rasch abgestiegen und an den beiden Hütten der Fölzalm – diesmal ohne einzukehren – vorbei (eigentlich ist es Brauch, in beiden einzukehren: da die Suppe, dort die Nachspeise), und habe auch noch den letzten Abstieg („Knieschnakler") hinunter zu Fölzklamm hinter mich gebracht. Dieser einsame Wandertag im Spätherbst hat Freude gemacht und mir die Dimension und Ausstrahlung dieses „steirischen Gebirges" ein wenig nähergebracht.
Besonders beeindruckt bin ich auch von der Salza, im Norden des Hochschwab, die mich und Generationen von Wildwasser-Kanuten und Raftern mit ihren glasklaren und türkisgrünen Wildwassern begeisterte. Dort entspringen auch die Quellwasser der gewaltigen Kläffer-Quelle, die auch das Trinkwasser für Wien liefern und bei der Schneeschmelze zusätzlich noch Kaskaden klarsten Quellwassers in die Salza münden lässt. Oder der Grüne See: ein blaugrünes Kleinod im Süden des Hochschwab, bei Tragöß, der nur von unterirdischen Karstquellen gespeist wird. Der Wasserspiegel schwankt ständig; im Frühjahr stehen sogar die Ruhebänke entlang der Wanderwege unter dem glasklaren Wasser – im Sommer dagegen sinkt der Seespiegel wieder und die kleinen, weißen Kiesstrände sind dann Spiel- und Ruheplatz für die Badenden. Die Mutigen wagen auch einen Sprung ins eiskalte Wasser – auch ein Hochschwab-Erlebnis. Eines von vielen!
Und das macht, so glaube ich, den Hochschwab aus: Jeder kann sich auf diesem Berg seine Freude holen, aber immer mit dem notwendigen Respekt, denn bei Nebel, schlechtem Wetter und Selbstüberschätzung kann man schnell in Bedrängnis geraten.

Der Eisenerzer Reichenstein

Gleich ums Eck vom „Brotlaib der Steiermark"

Die unterschiedlich großen, aber sich sonst in ihrer Charakteristik ähnlichen Kalkstöcke der Rax, Schneealpe, Hohen Veitsch und des Hochschwab speisen mit ihren Quellen zwei wichtige Flüsse der Steiermark. Die Quellen liegen nicht weit auseinander im Norden der Steiermark, in der Nähe des Lahnsattels bei Mariazell. Die Mürz trennt zunächst die Rax und Schneealpe von der Hohen Veitsch, fließt dann in einem Bogen über Mürzzuschlag bis Bruck und mündet dort in die Mur. Die Salza dagegen umfließt den Hochschwab im Norden und mündet bei Großreifling in die Enns. Und innerhalb dieses gebirgigen Gebietes sind die Eisenerzer Alpen die nächsten weißen Gipfel auf unserer Gipfelwanderung durch die Steiermark. Zwischen Leoben, Trofaiach und Hieflau verläuft die Straßenverbindung zu unserem nächsten Ziel – Eisenerz, am Fuße

In perfekter Lage – die Reichensteinhütte mit Reichenhals

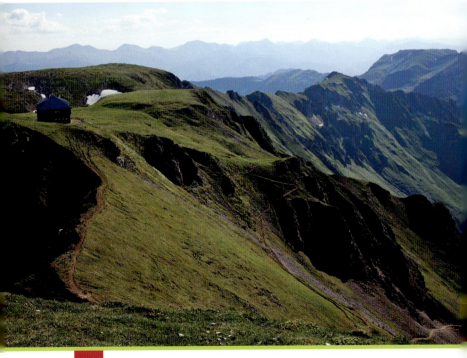

Der Eisenerzer Reichenstein

Am Theklasteig oberhalb des Erzbergs

des Erzberges. Von Hieflau kommend ist bei schönem Wetter der erste Erzbergblick ein „Aha-Erlebnis". Über der alten Bergstadt steht die vegetationslose Pyramide des Erzberges mit seinen berühmten bräunlich-roten Schichten vor der Kulisse der naturgrünen Mauer des felsdurchsetzten Eisenerzer Reichensteins. Die Anfahrt über die weiten Kehren der gut ausgebauten Straße zum Präbichl ermöglicht so manchen eindrucksvollen Blick auf den „Brotlaib der Steiermark", wie der Erzberg früher auch genannt wurde. Übrigens zählen die Berge östlich vom Präbichl noch zum Hochschwab, westlich dagegen, also auch der Reichenstein, beginnen die Eisenerzer Alpen, ein Teil der Ennstaler Alpen.

Wegbeschreibung:
Der Wanderausgangspunkt für den Eisenerzer Reichenstein ist direkt auf der Präbichl-Passhöhe beim P in der Nähe des Präbichler Hofs in 1270 m. Die Markierung Nr. 605 weist hinauf in das Grübl. Zunächst auf einem Fahrweg, dann auf einem Steig wandert man auf der rechten Seite der Skipiste recht steil hinauf bis zur Waldgrenze. Das nächste Teilstück über den Rösslhals hat mir gut gefallen. Es geht zwar immer noch bergauf, aber weniger steil und mitten durch grüne, weite Mulden mit vielen Blumen. Am Kamm, beim Rösslhals, genießt man dann einen großartigen Tiefblick auf Eisenerz und den

Die weißen Gipfel

Erzberg und dort stößt auch der Aufstiegsweg Nr. 686 (ebenfalls vom Präbichl kommend) zum 605er. Ein schmaler, grüner Kamm verbindet den Rösslhals mit dem Gipfelaufbau. Der Theklasteig führt nach Süden zu leicht ansteigend über den Westgrat des Reichensteins bis zu einer Weggabelung. Auf dem rechten Steig, dem Normalweg, geht es in weiten Spitzkehren hinauf zur Reichensteinhütte, während der linke Steig, eher ein Abkürzungsweg, über die „luftige Stiege" steil hinauf zum Sattel zwischen Hütte und Gipfel führt. Von dort ist man in wenigen Minuten beim Gipfelkreuz und einer prachtvollen Gipfelschau. Es ist die höchste Erhebung in den Eisenerzer Alpen und entsprechend reichhaltig ist der Gipfelblick. Im Nordosten stehen wir Aug in Aug mit dem Hochschwabzug und im Norden, direkt hinter den Felszinnen der Griesmauer, sind es noch immer die Hochschwab-Ausläufer, die den Blick fesseln. Im Westen zieht der Pfaffenstein die Aufmerk-

■ **Ausgangs- und Endpunkt:**
Der Präbichl bei Eisenerz, P beim Präbichler Hof, UTM N 5262710, 33 496175

■ **Gipfel:**
Eisenerzer Reichenstein, 2165 m, UTMN 5261045, 33 495050

■ **Höhenunterschied:**
930 Höhenmeter im Auf- und Abstieg

■ **Gehzeit gesamt:**
4 ½ Stunden

■ **Stützpunkte:**
Reichensteinhütte, 2128 m, UTM N 5260810, 33 494895, Tel. +43 664 9836164

Präbichler Hof, 1250 m, UTM N 5262710, 33 496175

■ **Schwierigkeit:**
Leichte Bergtour, beim Weg über die „luftige Stiege" ist Trittsicherheit notwendig (Abkürzung).

■ **ÖK-Nummer/Titel:**
Österreichische Karte des Bundesamtes für Eich- und Vermessungswesen Nr. 101

■ **Tipp:**
Für Naturfreunde ist der Leopoldsteiner See bei Eisenerz interessant.

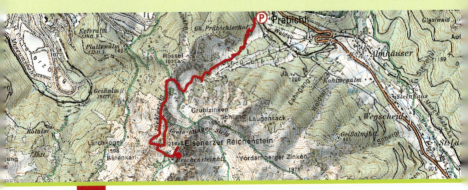

samkeit auf sich, dahinter locken schon die Gesäuse-Gipfel und der Grimming, sogar der Dachstein ist als zarte Kontur im Dunst erkennbar. Tief unter uns steht jetzt der Erzberg, eingerahmt vom Kaiserschild und den grünen Almen der Eisenerzer Ramsau. Und im Süden lockt jetzt die gemütliche Reichensteinhütte, die in aussichtsreicher Lage unmittelbar am Rande des Plateaus thront. Über den langen Grat nach Süden verläuft der Theklasteig über den Reichenhals zur Hohen Lins und weiter und weiter bis zum Wildfeld (4 Std.) – der Blick verfängt sich zuletzt in den dunkleren Tauernketten. Und dieser Aussicht wegen kommen auch viele Bergwanderer bei gutem „Vollmondwetter" zur Reichensteinhütte, um diesen Standort auszukosten. Beim Abstieg war Zeit genug, um die Blumenfülle am „reichen Stein" zu würdigen; besonders die Massen des wei-

ßen Narzissenblütigen Windröschens haben mich fasziniert und auch die gelben Trollblumen am Rösslhals mit den zart-blauen Bergstaffelungen im Hintergrund. So vergeht die Zeit des Abstieges rasch, aber ich wollte diese Tour nicht beenden, ohne nicht vorher noch einen Blick vom Rösslhals aus zum Grüblzinken zu riskieren: Dort, in der steilen Flanke, hatte sich Peter Rosegger einmal verstiegen und sich nur mit „einigen, behutsamen, elastischen Sprüngen quer abwärts laufend" in Sicherheit bringen können. So bin auch ich noch durch das Grübl geeilt, war aber in Gedanken noch immer am Gipfel und bei Rosegger, der bei seiner Reichenstein-Wanderung meinte: „Wer es wissen will, wie schön, wie wunderschön unser Land ist, der sehe von unten hinauf und von oben herab." Ein schönes Motto für unsere steirische Gipfeltour zu den weißen Bergen.

Besonderer Kultur- und Ausflugstipp:
Der Erzberg ist immer einen Besuch wert und ist eines der Top-Ausflugsziele der Steiermark.
Im Schaubergwerk führt eine Tour in das unterirdische Labyrinth des Erzberges. Das größte Taxi der Welt, der Hauly, ermöglicht eine Fahrt mit 860 PS über die Etagen des Erzberges. Und es gibt auch Live-Sprengungen:
mehr Informationen unter www.abenteuer-erzberg.at

Admonter Kaibling, Sparafeld und Riffel

Drei-Gipfel-Tour im Gesäuse

Wenn wir von Eisenerz aus dem Erzbach auf seinem Weg nach Norden bis zur Mündung in die Enns bei Hieflau folgen, erreichen wir gleichzeitig das zu Recht berühmte Gesäuse, den einzigen Nationalpark der Steiermark. Zu den Ennstaler Alpen zählend, bilden die Bergzüge des Gesäuse, beiderseits der Enns, mit ihren bis zu 1800 m hoch aufragenden Felswänden und den wilden Wassern der Enns im Durchbruch, eine faszinierende Berglandschaft aus hellen Kalkgipfeln. Von Hieflau bis Admont hat die Enns ein enges Tal geschaffen, das auf der Nordseite vom Tamischbachturm und dem Großen Buchstein flankiert wird, während im Süden die senkrecht abfallenden Nordwände von den Gipfeln Planspitze, Hochtor und Großer Ödstein überragt werden.

In Kombination mit der 1,7 km langen Kataraktstrecke der Enns, die mit ihren wild brausenden und tosenden Wassern Namensgeber für das „Gesäuse" war, ermöglichen die Wander-, Berg- und Klettertouren in den Gesäusebergen den Eintritt in einen einzigartigen und vielfältigen Naturraum.

Entlang der Gesäusestrecke ist nur Platz für Bahn und Straße, umso befreiender wirkt dann der freie Talkessel bei Admont, in dem der Doppelturm des Stiftes deutlich sichtbar ist. Die weltberühmte Admonter Stiftsbibliothek ist ein kulturelles Kleinod inmitten einer grandiosen Berglandschaft. Und Admont ist auch der Ausgangspunkt unserer nächsten Bergtour zu den weißen Gipfeln – diesmal gleich drei Gipfel bei einer Tour!

Wegbeschreibung:

Der Admonter Kaibling – eine schneeweiße Felszinne hoch über Admont

Von Admont führt eine Straße, die einen Übergang in das Paltental nach Trieben ermöglicht, hinauf in die Kaiserau, mit einem schönen Jagdschloss auf einem weiten Plateau. Dort beginnt die Mautstraße zur Oberst-Klinke-Hütte in 1486 m Seehöhe, dem Ausgangspunkt für Kletter- und Bergtouren zum Admonter Kaibling. Diese formschöne Felspyramide ragt unmittelbar über der Hütte auf und ist bei Klet-

Admonter Kaibling, Sparafeld und Riffel

Einer von drei Gipfeln, am Sparafeld mit Blick zum Admonter Kaibling und Dachstein

terern und Wanderern gleichermaßen beliebt. Unübersehbar weisen die gelben Markierungstafeln den Weg durch ein Waldstück bis zum Kaibling Gatterl. Der Pfad Nr. 655 führt nun langsam, immer steiler werdend, über Almwiesen hinauf zum Felsgürtel. Unnahbar scheint zunächst die Felspyramide. Aber der Steig ist gut angelegt und es geht durch einen schrofigen Latschengürtel direkt zu den Wandfluchten. Dort wendet sich der Steig westwärts und es geht merklich flacher immer an der Wand entlang bis in einen Sattel. Dort zweigt der Anstieg zum Gipfel des Riffel ab, der unschwer über Almmatten erreicht werden kann und im Westen dem Kaibling vorgelagert ist. Durch einen mit Almwiesen durchsetzten Hang steigt man in vielen Serpentinen unschwer auf bis zum Speikboden, von dem aus man über den Nordkamm rasch auf den Gipfel gelangt.

Ein paar Felsen und ansonsten grasige Matten laden ein zur Gipfelrast und Rundumschau. Tief unten liegt Admont und gegenüber im Norden grüßen die hellen Wandfluchten der Haller- und Weißenbacher Mauern mit den Gipfeln: Grabnerstein, Hexenturm und Natternriegel. Und dann der Grimming im Westen; er ragt unmittelbar aus dem Ennstal auf, trennt dieses vom Salzkammergut und galt lange Zeit als „Mons styriacus altissimus" – weil er so riesenhaft aus dem Talboden aufsteigt und der Dachstein dahinter sehr viel niedriger wirkt, aus dieser Perspektive. Im Osten dagegen versperrt der Gipfel des Sparafeld den Blick auf die berühmte Hochtorgruppe. Kein Problem: Wir steigen kurz in den Speikboden ab und folgen dem deutlich sichtbaren Steig, wie durch eine Schüssel von einem Rand zum anderen, hin zu den felsigen Hängen, die zum Gipfel des Sparafeld aufsteigen. Der kurze Aufstieg ist viel leichter, als es zunächst den Anschein hat und in einer halben Stunde ist der Gipfel erreicht. Der Ausblick ist ein völlig anderer als der vom Kaibling, denn vom Sparafeld aus überblickt man nicht nur den nahen, schroffen Gipfel des Admonter Reichensteins, sondern auch die gesamte Hochtorgruppe samt deren gewaltigen Wandfluchten. Gegenüber, weiß-grau aus dem Waldgürtel aufsteigend, zeigt sich der massige Bergstock des Großen Buchstein. Weiße Gipfel im wahrsten Sinne des Wortes. Admonter Kaibling und Sparafeld – das wären schon einmal zwei attraktive und aussichtsreiche Gipfel inmitten des Nationalparks Gesäuse. Diese leichte Bergtour ermöglicht allerdings beim Rückweg, mit wenig Aufwand, noch einen dritten Gipfel. Dazu steigt man wieder in den grü-

■ **Ausgangs- und Endpunkt:**
Admont – Kaiserau – Mautstraße zur Oberst-Klinke-Hütte – P.

■ **Gipfel:**
Admonter Kaibling, 2196 m, UTM N 5266075, 33 463980
Sparafeld, 2247 m, UTM N 5266355, 33 464665
Riffel, 2106 m, UTM N 5266715, 33 463465

■ **Höhenunterschied:**
ca. 1000 Höhenmeter mit den Gegensteigungen zu allen drei Gipfeln, 700 Höhenmeter zum Admonter Kaibling im Auf- und Abstieg.

■ **Gehzeit gesamt:**
2 Std. Anstieg zum Admonter Kaibling, weitere 30 Min. zum Sparafeld, ca. 2 bis 2 ¼ Std. Abstieg, wenn man den Gipfel des Riffel mitnimmt.

■ **Wegmarkierung:**
Nr. 655 zum Admonter Kaibling, Nr. 656 vom Speikboden zum Sparafeld. Nr. 601 A zum Riffel.

■ **Stützpunkte:**
Oberst-Klinke-Hütte, ÖAV, 1486 m, UTM N 5265235, 33 463435, Tel. +43 3613 2601, www.klinkehuette.com

■ **Schwierigkeit:**
Leichte Bergtour, blau

■ **ÖK-Nummer/Titel:**
Österreichische Karte des Bundesamtes für Eich- und Vermessungswesen Nr. 99

Admonter Kaibling, Sparafeld und Riffel

Alter Ennsarm, Admonter Reichenstein, Sparafeld und Riffel

nen Kessel des Speikbodens ab und folgt vom Sattel aus den Serpentinen bergab, bis rechts gut sichtbare Steigspuren abzweigen, die am rechten Rand in eine grüne Mulde hinunterführen, dem Gruberach. Von dort geht es am Kamm des Gegenhanges zum Gipfel des Riffel hinauf, einem reizvollen Aussichtspunkt, der mit seinem Tiefblick auf Admont und das Ennstal besticht. Bei herrlichem Herbstwetter haben wir dort die Flugkünste der Dohlen vor der Kulisse der uns umgebenden Bergspitzen bewundert, ein Gämsenrudel in den Schrofen beobachtet und sind anschließend am selben Weg abgestiegen. Dabei hat man immer die weiße Westwand des Admonter Kaibling vor sich, bis man wieder den schmalen Steig am Wandfuße erreicht. Diesem folgt man hinunter durch Latschen und Schrofen, bis man die steile Wiese oberhalb der Oberst-Klinke-Hütte erreicht. Ein letzter Blick noch zum Grimming und Dachstein, dann taucht man wieder in den Wald ein und geht die letzten Meter bis zur Hütte und der verdienten Rast.

Besonderer Kultur- und Ausflugstipp:
Stift Admont
Das „Gesamtkunstwerk Stiftsbibliothek" – Architektur, Fresken, Skulpturen, Schriften und Druckwerke, all diese Kunstgattungen sind hier zu einer Einheit verschmolzen. Der 1776 vollendete, spätbarocke Bibliothekssaal ist der größte, klösterliche Bibliothekssaal der Welt. Josef Stammel schuf den Skulpturenschmuck des Prunksaales – berühmt sind die „4 letzten Dinge", eine Gruppe von überlebensgroßen Darstellungen von Tod, Jüngstem Gericht, Himmel und Hölle. Der Bücherstand umfasst an die 200.000 Bände, 1400 Handschriften und 530 Inkunabeln (d.s. Frühdrucke bis zum Jahr 1500).
Museum: interessante Abteilungen mit wechselnden Sonderausstellungen – siehe www.stiftadmont.at

Das Hochtor

Auf den höchsten Gipfel im Nationalpark Gesäuse

Eine lange Bergtour mit Kletterpassagen im I und II Schwierigkeitsgrad führt auf den Spuren des „Schwarzen Peter" über den Peternpfad und Roßkuppen-Dachlgrat zum Hochtorgipfel. Abstieg über den Josefinensteig zur Hesshütte und über den Wasserfallsteig zurück in das Ennstal.

Wegbeschreibung:
Viel hatte ich schon vom Peternpfad gehört, besonders wenn ich am Dachstein, in der Seethaler Hütte, bei der Dachsteinwarte am Gletscher übernachtete und mit dem damaligen Hüttenwirt, dem Peter, am Abend plauderte; denn er stammte aus dem Gesäuse, war Bergführer und erzählte gerne. Irgendwann ergab sich die Gelegenheit, mit Franz, einem Gesäusekenner, eine besonders schöne Bergtour im Nationalpark zu machen. Nur natürlich, dass ich über den Peternpfad zum Hochtor wollte. Gesagt, getan: Im Frühnebel eines schönen Hochsommertages haben wir ein Auto zum Parkplatz bei der Kummerbrücke gefahren, sind mit dem anderen zurück und vom Parkplatz „Haindlkar Hütte" gestartet. Der Anstieg zur Hütte führt zunächst im Wald, durch einige wüste, felsige Bachbette immer weiter hinauf in Richtung der Nordwände. Der Nebel waberte fast mystisch zwischen den schemenhaften Bäumen, bis plötzlich die Sonne durchbricht und sich der Nebel auflöst. Jetzt sind auch die gewaltigen, noch im Schatten liegenden Nordwände von Hochtor, Dachl und Rosskuppe klar erkennbar, in der Generationen von Kletterern im Sinne der Wiener Schule, die berühmtesten Gesäuse-Routen „by fair means" klettern. Große Felsblöcke werden umgangen und dann ist auch schon die Haindlkar Hütte in Sicht. Eine Einkehr ist diesmal nicht drin und wir ziehen gleich weiter zum Peternpfad Richtung Osten. Es geht rauf und runter, rund um Felsen, dann wieder durch Latschen – so windet sich der schmale Pfad durch ein Kar, dann über Schutthalden immer weiter bis zur Schlucht mit dem Einstieg in die Wand. Es scheint kaum vorstellbar, dass durch diese Riesenwände, die doch eigentlich nur Kletterern vorbehalten sind, ein leichterer Durchstieg möglich sein soll. Die guten Kletterer nehmen nach ihren Touren durch die Dachl-Nordwand oder Roßkuppen-Kante den Peternpfad als Abstieg

Das Hochtor

Frauenkirche vor Hochtor-Nordwand

und der geheimnisumwitterte Wilderer, der „schwarze Peter", nutzte den damals nur ihm bekannten Aufstieg, um den Jägern immer wieder zu entkommen – daher auch der Name „Peternpfad". Erst 1877 war Heinrich Heß, ein berühmter Gesäuse-Pionier mit dem Waldmeister Rodlauer erstmals diesen Weg begangen – warum besagter Rodlauer den Weg kannte, hat man nie herausgefunden ...

Der Einstieg des Peternpfades ist ein Schluchteinschnitt unterhalb der Rosskuppe; durch eine Rinne mit einigen brüchigen Stellen geht es, gut markiert, an der Innenseite eines Felspfeilers über teils grasiges Gelände, dann wieder über Felsstufen in leichter Kletterei steil bergauf. Die grünen Grasflächen, durch die der Steig steil, manchmal auch in leichter Kletterei, aufwärts führt, werden auch „Gamsgärten" genannt und waren bei unserem Aufstieg schon teilweise in der Sonne, während die Wand noch im Schatten lag. Im flacheren Mittelteil des Aufstiegs ist Zeit zur Erholung und Gehgelände. Kurz vor dem Ausstieg aber wartet noch die Schlüsselstelle, der Ennstalschritt. Man turnt außen um einen riesigen, glatten Felsblock herum, der allerdings gute Tritte und Griffe aufweist und kann dabei das tief unten liegende Ennstal durch seine Beine bewundern. Noch eine steile Rampe über plattige Felsen, dann nimmt die Steilheit ab und man folgt einem Band bis zur sich breit öffnenden Peternscharte. Was für ein Rastplatz! Im Osten die riesige, senkrecht abfallende Planspitze, tief unten der reißende Fluss, im Westen die schattigen Nordwände und gegenüber die sonnigen Hänge des Großen Buchstein. In der Peternscharte weist eine Tafel in westliche Richtung zum Dachlgrat und somit zum imposanten Hauptgrat der Hochtorgruppe. Den nächsten

Die weißen Gipfel

Felspfeiler, den Peternschartenkopf, umgehen wir südwestlich und folgen dem Grat zur Roßkuppe. Über einen kurzen Steilaufschwung, gefolgt von einem Band, das nach links-oben über eine meist nasse Platte in ein Schrofengelände führt, erreichen wir den unteren Teil des Rosskuppen-Westgrates. Der kurze Abstieg zum Dachl am Grat hat ein paar Kletterstellen und ermöglicht einen furchterregenden Tiefblick in die Nordwand und zum Peternpfad. Über die schrägen, glatten, mit unzähligen tiefen Karren versehene Platte des Dachls wandert man Richtung Hochtorgipfel und gelangt über einen namenlosen

■ **Ausgangs- und Endpunkt:**
Parkplatz Haindlkar Hütte und P bei der Kummerbrücke (572 m), UTM N 5270465, 33 475175.

■ **Gipfel:**
Hochtor, 2369 m, UTM N 5267670, 33 472360

■ **Höhenunterschied:**
1800 Höhenmeter bis zum Hochtor im Auf- und Abstieg,
bis Haindlkar Hütte 520 Höhenmeter
bis Peternscharte 1350 Höhenmeter

■ **Gehzeit gesamt:**
Ca. 11–12 Std.
Zur Haindlkarhütte ca. 1 bis 1 ½ Std., Peternpfad zur Peternscharte ca. 3 ½ bis 4 Std., Dachlgrat bis Hochtor-Gipfel ca. 2 Std., Abstieg zur Hesshütte 2 Std., Wasserfallsteig zur Kummerbrücke ca. 3 Std.

■ **Stützpunkte:**
Haindlkar Hütte 1121 m, UTM N 5268255, 33 470805, Tel. +43 664 1140046
Hesshütte 1699 m, UTM N 5267585, 33 473840, Tel. +43 664 4308060
Kölblwirt in Johnsbach und GH Bachbrücke

■ **Schwierigkeit:**
Schwarz – Bergtour: Peternpfad I–II, Dachl- und Roßkuppengrat zum Hochtor 2+, Josefinensteig I+, Seilsicherung. Wasserfallsteig mit steilen Leitern und Seilsicherungen.

■ **ÖK-Nummer/Titel:**
Österreichische Karte des Bundesamtes für Eich- und Vermessungswesen Nr. 100

Mugl in eine breite Scharte. Steigspuren und Markierungen weisen den Weg in das Hochschütt genannte Schuttfeld, über das man zur steilen Hochtorflanke aufsteigt. Über einige Bänder, zum Teil ausgesetzt, und Felsstufen erreichen wir die „Kriechstelle", ein schmales, etwas abdrängendes Band, das wir respektvoll, kniend überwinden. Und dann leiten uns die letzten Markierungen zum Gipfel. Diese Gipfelrast hat gutgetan nach diesem langen Aufstieg. Wir haben uns einen windgeschützten Platz etwas unterhalb des Gipfels gesucht, gejausnet und die Aussicht genossen. Hinter den Felsschrofen des nahen Ödstein und Felsklotz des Grimming war das weiße Gletscherfeld des Dachstein sichtbar, gegenüber die Haller Mauern und der Buchstein. Im Osten Tamischbachturm, Planspitze und Roßkuppe und dann der gewaltige Tiefblick ...! Lauter weiße Gipfel im näheren Umfeld ... und tief unter uns die Hesshütte – unser nächstes Ziel.

Auf der sonnigen Südseite des Hochtors führt der bekannte Josefinensteig gut markiert und mit Seilen gesichert zunächst über den Guglgrat. Das steile Gelände und der gerölligen Untergrund erfordern Aufmerksamkeit und Trittsicherheit. Teils führt der Steig über Bänder, dann wieder am Grat bergab, über luftige Felsrücken und in spitzen Kehren durch schrofiges Gelände hinunter in das weite Kar und bis zu den letzten Serpentinen kurz vor der Hütte, wo man wieder das Almgelände erreicht. Die modern und funktionell gestaltete Hesshütte ist ein idealer Stützpunkt für Wanderer und Kletterer und liegt in aussichtsreicher Lage unterhalb der beeindruckenden, hufeisenförmigen Felsformationen des Tellersack. Auf der gemütlichen Terrasse wird zunächst der Durst gestillt, gerastet, die Dohlen beobachtet und mit Reini, dem Hüttenwirt geflachst. Trotzdem wird es Zeit, aufzubrechen: Am Ennseck teilen sich die Wege, entweder am sonnigen Hüttenweg hinunter über die schön gelegene Stadelalm über Almböden und durch Mischwald zum Kölblwirt im Johnsbachtal, oder über den schattigen und steilen Wasserfallsteig zum Kummerbrücken-Parkplatz. Da wir ja unser zweites Auto dort stehen hatten, war die Entscheidung leicht. Zunächst am Weg Nr. 660 Richtung Planspitze aufsteigend bis zum Ebersanger ganz gemütlich, dann beginnt der Abstieg, wird ausgesetzter und führt im schattigen Wandbereich auf in Felsen gehauenen Steigen und Eisenleitern über eine steile, mit Seilen gesicherte Felsstufe. Am Fuße des Wasserfalls, wir haben die kalte Dusche gesucht und genossen, quert man Felsblöcke und ein Gerinne und steigt die letzten 300 Höhenmeter im Bergwald bergab bis zum Parkplatz. Als letztes Ziel für diesen Wandertag haben wir den Gasthof Bachbrücke bei der Einfahrt nach Johnsbach ausgewählt – nicht nur der Getränke wegen, sondern weil dort (5 Minuten in Richtung Bahnhof gehen), eine wunderschöne Kiesbank an der Enns zum kalten Bad einlädt. Natürlich mit der notwendigen Vorsicht, denn die Enns strömt stark, aber erfrischt herrlich; noch dazu mit Blick auf die im Abendlicht leuchtenden Wandfluchten links und rechts des Peternpfades. Fazit: mit guter Kondition und Freude an leichten Kletterstellen eine der schönsten Bergtouren im Gesäuse.

Besonderer Kultur- und Ausflugstipp:
Zwischen zwei mächtigen Felspfeilern – Himbeerstein und Haindlmauer – muss sich die Enns nach langem ruhigen Lauf am Gesäuse-Eingang plötzlich durch das Nadelöhr zwängen. In der folgenden Schwallstrecke braust und tost das rasende Wasser, stürzt über große Steine und fließt mit großer Geschwindigkeit unterhalb der Bahnbrücke durch ... Es ist gerade noch Platz für die Bahntrasse und die Straße und dort sind auch zwei Ausweichen, von denen aus man dieses Naturschauspiel bewundern kann – sehenswert. Auf dem der Straße gegenüber liegenden Ufer führt auch ein kurzer Wanderweg bis zu einer Schutthalde mit einem riesigen Felsblock – von dort lässt sich dieses Wildwasser besonders schön erleben. Beginn ist bei der Enns-Brücke nach Weng, Rudolf-Proksch-Weg. Gute Informationen bieten die Besucherzentren des Nationalpark Gesäuse in Admont, beim Weidendom (Abzweigung Johnsbach – GH Bachbrücke) und in Gstatterboden.

Bild rechts: Die Nordwände von Planspitze, Roßkuppe, Dachl und Hochtor oberhalb der Haindlkarhütte

Wilde Wasser im Gesäuse-Eingang

Das Hochtor

Der Bösenstein

Gipfelerlebnis in den Rottenmanner Tauern

Der Übergang über die Triebener Tauern kann sowohl vom Murtal, von Judenburg als auch von Trieben aus erfolgen. Ausgangspunkt für eine reizvolle Bergtour ist der kleine, malerische Ort Hohentauern auf der Passhöhe. Links und rechts ragen die Berge steil auf und ich habe mir für diesen Sommertag den höchsten Gipfel der Rottenmanner Tauern, den Bösenstein, als Wanderziel gewählt. Auch Peter Rosegger wollte zur Blütezeit der Alpenrosen „endlich auf der Spitze des bösen Steins oder des ‚Steines, der dem Bösen gehört' stehen, um Rundschau zu halten über die Gebirgsgruppen des Dachstein, des Toten Gebirges, der Ennstaler Alpen, der Tauern, des Hochschwab bis weit hinaus ins blaue Luftmeer im Südosten, wo als letzter der letzten der Grazer Schöckl steht ...". Wir haben es heute leicht, denn wir können auf einer Mautstraße von Hohentauern bis zur Edelrautehütte hinauffahren. Und das macht diese Bergtour um einiges leichter und von Beginn an reizvoll. Vom Parkplatz zur Hütte steigt man nur wenige Minuten bergauf und hat bereits einen schönen Blick zurück zum Gesäuse – jene Gipfel, die wir auf unserer vorigen Bergtour gut kennengelernt haben.

Bösenstein-Gipfel gen Osten

Der Bösenstein

Scheiblsee mit Gr. Bösenstein und Kleiner Bösenstein

Wegbeschreibung:

Von der Edelrautehütte führt ein gut bezeichneter Steig an knorrigen Lärchen- und Zirben Veteranen vorbei zum dunklen blaugrünen Scheibelsee. Im klaren Bergwasser spiegeln sich die grünen Hänge, über die der Aufstieg zum Bösenstein führt. Geschnitzte Gesichter an Wegweisern und Bäumen am Ufer weisen den Weg zum ersten Anstieg. Schon über der Baumgrenze steigt man durch sonnige, blumenübersäte Bergwiesen aufwärts zum ersten Höhenrücken. Und von diesem Buckel aus überblickt man schon die Bergketten im Osten, die sich aus dem blauen Dunst der Täler erheben. Der Weiterweg ist schön gegliedert: kurze, steile Anstiege wechseln mit sanfteren Querungen der grünen Hänge bis hinauf zum Kamm. Der letzte Anstieg vom Kamm zum Gipfel erfordert Trittsicherheit, denn er führt durch felsiges Gelände und über grobes Blockgestein und ist teilweise ausgesetzt. Dafür entschädigt aber der lange Gipfelgrat mit einer Aussicht, die einfach grandios ist. Ich frag mich oft, wenn ich wieder einmal einen Gipfel erreiche, was denn so besonders grandios an gerade dieser Aussicht sein soll? Und während man sich bei der Gipfelrast mit solchen Gedanken beschäftigt, beginnt man auch zu analysieren. Hier, am Bösenstein, taucht genau in der Verlängerung des

Gipfelgrates die vertraute Kulisse des Dachstein mit seinen Trabanten auf, rechts vom Gipfelrücken erhebt sich mächtig der Felskoloss des Grimming, links vom Gipfelkreuz verlaufen die dunklen, waldreichen Tauernketten, die am Horizont von den hohen, vergletscherten Gipfeln der Hohen Tauern überragt werden. Und im Osten: Da wird das Tal der Palten von Waldbergen gesäumt, dahinter erheben sich die Gesäuse-Gipfel und viele, viele mehr ...? Zeit für den Aufbruch – es geht noch weiter. Eine schöne Runde führt über den kleinen Bösenstein

■ **Ausgangs- und Endpunkt:**
Die Edelrautehütte am Ende der Mautstraße von Hohentauern, 1708 m, UTM N 5254110, 33 457205

■ **Gipfel:**
Großer Bösenstein, 2448 m, UTM N 5254620, 33 455060
Kleiner Bösenstein, 2395 m, UTM N 5254005, 33 454895
Großer Hengst, 2159 m, UTM N 5253210, 33 456910

■ **Höhenunterschied:**
750 m im Auf- und Abstieg

■ **Gehzeit gesamt:**
Rundweg ca. 4 ½ bis 5 Std., 2 Std. Aufstieg zum Gr. Bösenstein
Weg Nr. R1 und 946. Abstieg vom Kl. Bösenstein über Hengst über Langmannweg – man hat bei gutem Wetter immer den gesamten Wegverlauf im Blick.

■ **Stützpunkte:**
Edelrautehütte, 1708 m, UTM N 5254110, 33 457205, Tel. +43 664 2816567, www.edelrautehuette.com
GH in Hohentauern, 1274 m

■ **Schwierigkeit:**
Leichte Bergtour, Trittsicherheit beim Gipfelanstieg, zum Teil schroffes Gratgelände

■ **ÖK-Nummer/Titel:**
Österreichische Karte des Bundesamtes für Eich- und Vermessungswesen Nr. 130

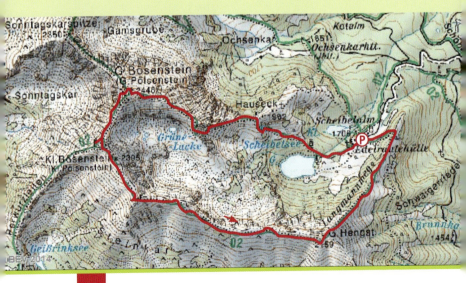

Der Bösenstein

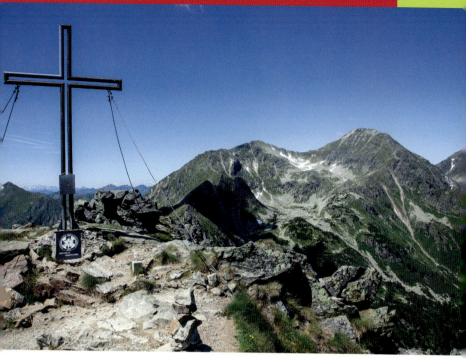

Hengst-Gipfel mit Gr. und Kl. Bösenstein

zum Hengst, der im Süden dem Bösenstein gegenübersteht. Der Abstieg Richtung Kleiner Bösenstein ist sanfter und nicht ausgesetzt. Aus dem Sattel steigt man moderat hinauf zur Anhöhe und wandert im leichten Bogen von Süd nach Ost direkt am Kamm über die kleinen Kuppen. Diese schöne Höhenwanderung inmitten der sommerlich, grünen Kämme ist nicht nur aussichtsreich, sondern macht auch so richtig Spaß. Kurz vor dem Gipfel des Hengst erblickt man hinter roten Alpenrosen tief unten die beiden dunkelblauen Seeaugen der Scheibelseen. Vom Hengst aus zeigt sich der Bösenstein, der sich hoch über dem grünen, mit weißen Schneeflecken gesprenkeltem Kar erhebt, besonders schön und dann geht es nur noch bergab, steil bergab. Der Steig folgt dem Kammverlauf zunächst über schrofiges Gelände, dann beginnen Almmatten und der Steig ist tief in den Almboden getreten. Zuletzt säumen Büsche den Weg und nur der letzte Abstieg verläuft im Zirbenwald – über den ebenen Almboden spaziert man in wenigen Minuten zur Hütte – und das ist auch gleichzeitig die einzige ebene Wegstrecke der gesamten Kammwanderung. Ob die Rast auf der gemütlichen Hüttenterrasse oder am See unter den alten Zirben stattfindet, ist jedem selbst überlassen. Aber auch Terrasse plus Seeufer-Nickerchen ist eine Option.

Das Gindlhorn
Über die Himmelsleiter

Wir sind jetzt im Tal der Enns am Fuße des riesig aus dem Tal aufragenden Grimming bei Schloss Trautenfels. In den Enns-Auen blüht im Frühling eine selten gewordene Kostbarkeit, die blaue Iris oder Schwertlilie, ganze Felder voll leuchten dann blau im grünen Umfeld. Die Blütezeit ist meist etwas später als die der benachbarten Narzisse im Salzkammergut. Südlich des Grimming prägt die Enns den Talboden und wird von den formschönen Gipfeln der Schladminger Tauern eingesäumt, während nördlich des Grimming das Salzkammergut liegt und mit dem weiten Talboden des Mitterndorfer Beckens beginnt. Trautenfels ist Kreuzungspunkt wichtiger Straßen und es gibt keinen besseren Aussichtspunkt dafür als die Terrasse der Johannis-Kapelle in Pürgg. Das kleine, idyllische Dorf liegt am Fuße des Grimming und strahlt mit blumengeschmückten alten Häusern und reizenden Vorgärten eine heitere Ruhe aus. Man erreicht Pürgg auf der Straße Richtung Salzkammergut über die Klachau, einem schmalen Taleinschnitt, der von den gewaltigen Felswänden des Grimming beherrscht wird. Gegenüber, im Norden, überragen bizarre, helle Felstürme den Waldgürtel – sie zählen schon zu den Ausläufern des Toten Gebirges und sind unser Wanderziel.

Wegbeschreibung:
Pürgg als Wanderausgangspunkt ist schon einmal ein großer Pluspunkt. Am Ortsanfang, am großen Parkplatz – das Dorf ist fast autofrei –, findet sich die Übersichtstafel mit den Wandermöglichkeiten. Am Dorfplatz folgen wir den Markierungen zum Gindlhorn und zum schönen Freibad, das in herrlicher Lage oberhalb des Dorfes angelegt wurde. Ein mäßig ansteigender Feldweg führt nach Westen durch die Wiesen bis zu einem einsam gelegenen Gehöft. Auf diesem Weg haben wir die ganze Zeit die Ostseite des Grimming vor uns und bei diesem Anblick glaubt man gerne, dass in früheren Zeiten dieser Bergkoloss mit 2351 m als höchster der Steiermark galt. „Mons styriacus altissimus" wurde er genannt. Spätere, genauere Messungen ergaben eine Anzahl anderer Gipfel in der näheren Umgebung, die zum Teil wesentlich höher waren. Beim alleinstehenden Haus angelangt, beginnt nun sozusagen der sportliche, der steile Teil. Die rot-weiß-

Das Gindlhorn

Die felsigen Südabstürze des Gindlhorns

rote Markierung und das Schild „Himmelsleiter" weisen zum steilen Anstieg über die letzte Wiese hinauf zum Waldrand. Im Bergwald geht es dann steil weiter in Serpentinen bergauf und immer wieder sind über den Baumkronen helle, steil abbrechende Felswände sichtbar. Etwas später löst felsiger Untergrund den Waldboden ab und ein paar Felsstufen fordern Aufmerksamkeit. Überraschend öffnet sich dann der dichte Wald und man erreicht einen luftigen Felsvorsprung mit einem kleinen Steinkreuz – der Jungfrausturz. Er bietet einen atemberaubenden Tiefblick. Drohend, wild und sehr nahe wirken die felsigen Ostabbrüche des Grimming aus dieser Perspektive. Die folgende Felsstufe, die man auf einer hölzernen Stiege überwindet, ist die sogenannte Himmelsleiter – bald danach lichtet sich der Wald und man betritt eine freie, blumenreiche Wiese. Frisches Quellwasser plätschert im Brunnen und bietet willkommene Erfrischung und der Anblick der spärlich bewaldeten, steil aufragenden Felstürme macht Vorfreude auf den Gipfel.

Auf einer Forststraße erreicht man in einer Viertelstunde die Abzweigung zum Gindlhorn. Gut markiert zieht der Steig durch einen Schlag zum Waldrand und dort über Stufen und Leitern im Wald hinauf zum Gipfel. Noch ein paar Schritte hin zum kleinen Gipfelkreuz in luftiger Lage – dann ist Zeit zum Innehalten. Zum Greifen nahe scheint der

Grimming, obwohl sein Gipfel immerhin noch 1100 m das Gindlhorn überragt. Tief unten windet sich die Straße durch das Mitterndorfer Becken an der riesigen Kulmschanze vorbei Richtung Bad Aussee. Und oberhalb des nach Westen zu offenen Talbodens werden die dichten Wälder des Kemmetgebirges von den hellen Gipfeln der Dachsteingruppe überragt. Im Norden breiten sich die sanften Hügel von Wörschachwald mit den hochgelegenen Gehöften aus. Diese Aussicht schenkt wirklich Freude und die idyllische Gipfel-Bank fordert geradezu ein paar ruhige Minuten ein – noch dazu, wo wir vom Gipfel aus das genussvolle Treiben auf der Terrasse des GH Dachsteinblicks beobachten können und wissen, dass nur 30 Minuten Abstieg uns von den kulinarischen Genüssen trennen. Der Abstieg bis zum Forstweg ist derselbe Weg, dann zweigt man links ab und es geht sehr steil im Wald bergab. Den Wegweiser zum „Kleinen Hörndl" sollte man schon folgen, denn in nur zwei bis drei Minuten ist dieser Aussichtspunkt erreicht – und er ist es wert! Genauso steil geht es weiter bis zur schönen Aussicht auf der Terrasse mit Blick zum Grimming und Dachstein. Die hausgemachten Strudel und Mehlspeisen schmecken herrlich und ergänzen so diese Genusswan-

■ **Ausgangs- und Endpunkt:**
Pürgg, (790 m) am Eingang zum Salzkammergut, P am Ortseingang

■ **Gipfel:**
Gindlhorn, 1259 m, UTM N 5266220, 33 428970

■ **Höhenunterschied:**
450 m im Auf- und Abstieg

■ **Gehzeit gesamt:**
2 ½ bis 3 Std.

■ **Stützpunkte:**
GH in Pürgg: Krenn und Mössner, GH Dachsteinblick in 1049 m, UTM N 5266555, 33 428635

■ **Schwierigkeit:**
Leichte Bergwanderung mit kurzen, steilen Passagen, meist im Wald

■ **ÖK-Nummer/Titel:**
Österreichische Karte des Bundesamtes für Eich- und Vermessungswesen Nr. 97

Pürgg mit Grimming

derung: ein abwechslungsreicher Weg, tolle Aussichten und eben auch gute, bodenständige Küche in Pürgg und auf der Terrasse vom GH Dachsteinblick. Den Rückweg nach Pürgg finde ich reizend: Es geht durch einen Hohlweg im Wald bergab am alten Kirchweg, den die Wörschachwalder zum Kirchgang nach Pürgg nutzten. Viele Marterln und Tafeln an den Bäumen erinnern an gefahrvolle Situationen. So wurde zum Beispiel folgende Legende überliefert: „Einmal, es war im Winter, half der Nachbar eines Verstorbenen, diesen auf einem Schlitten zum Begräbnis nach Pürgg zu bringen. Beim einem großen Felsen konnte er den schweren Sarg am Schlitten nicht mehr beherrschen und verunglückte selbst tödlich. Seitdem heisst dieser Stein ‚lebendig oder tot'! Es heißt, die beiden Nachbarn seien schon zu Lebzeiten nicht besonders gut miteinander ausgekommen!" Man kann sich die gefährlichen Situationen auf diesem Weg leicht vorstellen, wenn man zu den Felsabbrüchen, die den Weg überragen, hinaufschaut, den die Menschen aber jederzeit gehen mussten, wenn sie ins Tal wollten, bei Gewitter, bei Sturm, im Winter ... Nach gut 45 Minuten Abstieg erreicht man ein Wegkreuz: Der Höhenweg führt über ebene Wiesen direkt nach Pürgg – der untere Weg mündet kurz vor dem Parkplatz in die Straße nach Pürgg. Aber eigentlich sollt man sich für Pürgg Zeit nehmen, für die interessante Kirche, die einmalig schönen Fresken in der Johannis-Kapelle und für das eigene Wohl, zum Beispiel im weitum bekannten Gasthof Krenn oder im Gastgarten beim Mössner mit Blick zur Kirche.

Besonderer Kultur- und Ausflugstipp:
Der malerische Ortskern von Pürgg, die interessante Kirche und die Johannis-Kapelle auf einer Anhöhe oberhalb von Pürgg sind ein Erlebnis. In der Kapelle befindet sich eines der ältesten Kruzifixe der Steiermark und wertvolle, romanische Fresken zum Beispiel der „Katzen-Mäusekrieg". Die Aussicht von der Kapelle: Hier öffnet sich ein weiter Blick auf das Ennstal Richtung Irdning mit den Donnersbacher und Schladminger Tauern im Hintergrund, aber natürlich ist der Grimming hier der dominante Berg.

Zum Großen Tragl

Ein Ausflug in die Mondlandschaft des Toten Gebirges

Nicht weit von Pürgg entfernt liegt Bad Mitterndorf inmitten des weiten Beckens des Hinterberger Tales, das schon zum steirischen Salzkammergut zählt. 800 Höhenmeter darüber breiten sich die weiten Almböden der Tauplitzalm in rund 1600 m Seehöhe aus, die sich über mehrere Kilometer von West nach Ost erstrecken. Es ist eine großartige Szenerie: die sanft kupierten Almmatten, die im Frühsommer einen durchgehenden Blütenteppich bilden, werden im Norden von grau-weißen Felsmassiven eingerahmt und Gipfel wie Lawinenstein, Traweng, Sturzhahn und Großes Tragl sind begehrte Wanderziele und sind für ihre Aussichten geschätzt. Den besonderen Reiz dieses Hochplateaus bilden die vielen kleinen und größeren, blauen Bergseen – reizvolle Wanderziele und romantische Rastplätze. Der Wandervorschlag zum Gipfel des Großen Tragl beinhaltet den ganzen Zauber dieser Landschaft: die ebene Wanderung über das im Frühsommer blumengeschmückte Hochplateau und den Aufstieg durch die mit Alpenrosen durchsetzten Latschenfelder bis in das weiße Karstgebiet, dessen Felswelt von Dolinen, Karren und Muscheleinsprengungen geprägt ist.
Von Bad Mitterndorf führt eine Mautstraße bis zum Parkplatz Tauplitzalm beim Hollhaus, von Tauplitz aus verbindet eine moderne Sesselbahn den Ort mit der Alm.

Typisches Felsgelände am Weg zum Hohen Tragl

Wegbeschreibung:

Mitte Juli haben wir die abwechslungsreiche Bergwanderung von der Tauplitzalm zum Gipfel des Großen Tragl geplant mit der Absicht, noch einmal den Bergfrühling mit seiner Blumenpracht zu erleben. Schon der gemütliche Beginn dieser Tour, das Schlendern über die sanft gegliederten Almböden mit den vielen gelben, blauen und rosafarbenen Alpenblumen, ist wohltuend. Man geht eine knappe Stunde bis zu den Hütten oberhalb des romantischen Steirer Sees und hält sich vom P oder von der Bergstation der Sesselbahn aus an die Markierung „Waldweg zur Kirche", denn dieser Wald- und Wiesenpfad führt abseits der asphaltierten Almstraße am Fuße des beherrschenden Traweng über das Plateau. An der Steirersee-Hütte vorbei führt die „6-Seen-Wanderung" weiter zum Schwarzensee. Zu unserem Ziel, dem Großen Tragl, zweigt beim kleinen Jagdhaus der Steig Nr. 276 links ab und es geht gleich einmal steil hinauf bis zur Waldgrenze. Mitten durch blühende Almwiesen, auch Alpenrosen und Türkenbund waren zu sehen, wandert man nun oberhalb der Steirerseeleiten am Fuße des Sturzhahn bis zu einer Felsstufe. Dieser Anstieg ist nicht sehr lang und man verlässt dann fast abrupt den üppig blühenden Almboden und steht am Rande eines ausgedehnten karstigen Hochplateaus, einer weißen Gesteinswüste inmitten einer grandiosen Felslandschaft. Die gut sichtbaren rot-weiß-roten Markierungen weisen den Weg über nackten Felsboden, der von messerscharfen Kanten, tiefen Rinnen, Spalten und zahlreichen Muscheleinsprengungen geprägt ist. Im Norden begleiten die fast senkrecht abbrechenden, schön strukturierten Felsabstürze des Bergzuges vom Sturzhahn zum Großen Tragl den Weg, im Süden sind es die massigen Konturen des Grimming.

Aber mehr noch als diese Bergumgebung hat mich der Felsboden fasziniert. Unzählige versteinerte, herzförmige Kuhtrittmuscheln (Megalodonten) bilden den Boden. Zwischen Karren, Dolinen und Schächten, vorbei an riesigen Felsbrocken folgt man dem Pfad über einen Hang, steigt über Felsstufen und bewundert die in den Rinnen

■ **Ausgangs- und Endpunkt:**
Tauplitz – Sesselbahn zur Tauplitzalm, Bad Mitterndorf – Mautstraße zur Tauplitzalm
Vom P unterhalb vom Hollhaus wandert man ca. 20 Minuten bis zur Bergstation der Sesselbahn. Bei Benützung der Bahn auf die Zeit für die letzte Talfahrt achten!

■ **Gipfel:**
Großes Tragl, 2179 m, UTM N 5274385, 33 427220

■ **Höhenunterschied:**
620 Höhenmeter im Auf- und Abstieg

■ **Gehzeit gesamt:**
6 Stunden

■ **Stützpunkte:**
Nur auf der Tauplitzalm – Hütten und Gasthöfe

■ **Schwierigkeit:**
Leichte Bergwanderung, Vorsicht im Karstgelände: Dolinen, scharfe Kanten, Geröll! Auf das Wetter achten (Nebel)

■ **ÖK-Nummer/Titel:**
Österreichische Karte des Bundesamtes für Eich- und Vermessungswesen Nr. 97

■ **Tipp:**
Erholung bietet die schöne Grimmingtherme mit dem Aldiana Thermenhotel

Zum Großen Tragl

Genusswandern auf der Tauplitzalm

und Höhlen wachsenden Farne und Alpenrosen. Es lohnt sich, diese Felsarena mit offenen Sinnen zu begehen. Am nordöstlichen Ende des Plateaus wendet sich der Steig nach links, führt durch Blockwerk etwas steiler bergauf und dann wechselt die Szenerie noch einmal. Es geht aus dem Traghals, einem breiten Rücken, den letzten Aufstieg über Rasenpolster hinauf zum Gipfelkreuz. Drei Stunden sollte man für den gesamten Anstieg schon einplanen, weil der Weg durch diese wüste Karstlandschaft Aufmerksamkeit erfordert. Dafür aber erlebt man eine besonders abwechslungsreiche Landschaft. Der Gipfelblick: Hinter dem Kreuz zeigt sich im Westen der Dachstein mit seinen Gletschern, gegen Norden und Osten erstrecken sich eindrucksvoll die steinernen Wellen des Toten Gebirgen und im Süden erblickt man hinter dem Zackengrat des Grimmig die Tauerngipfel. Wichtig ist bei dieser Tour: genug Wasser mitnehmen, nur bei sicherem Wetter gehen und aufgrund der vielen tiefen Schächte und Dolinen unbedingt am markierten Weg bleiben. Zurück geht es am selben Weg: durch die nackte Felsregion, dann über Almwiesen und Latschen bis zum Hang oberhalb des Steirersees – dort die Szenerie und Aussicht wahrnehmen und ab der Steirersee-Hütte gemütlich von einer Hüttenrast zur anderen spazieren und dabei Blumen, Seen und Aussicht genießen.

Der Backenstein

11

Markanter Felsturm hoch über dem Grundlsee

Ein heller, glatter Felsturm, mit Latschen durchsetzt und von einem Waldgürtel umgeben – so präsentiert sich der Backenstein über dem Nordufer den Grundlsee-Besuchern. Der wuchtige Felspfeiler im Vordergrund des massigen Felsklotzes zieht alle Blicke auf sich und ist natürlich auch ein begehrtes Wanderziel am Rande des Toten Gebirges. Der Grundlsee zu seinen Füßen ist der größte See der Steiermark, landschaftlich reizvoll und ein beliebtes Ausflugsziel. Die Bergumrahmung, der schöne Mischwald, der geheimnisvolle Toplitzsee und der Ursprung der Traun am stillen Kammersee in seiner unmittelbaren Umgebung sind zusätzliche Attribute die den Grundlsee aufwerten. Der Geotrail um den See oder die, ich möchte schon fast sagen, berühmte „3-Seen-Wanderung" mit Grundlsee, Toplitzsee und Kammersee sind Wanderklassiker. Außerdem finden in diesem reizvollen Naturraum auch wirklich tolle Mu-

Erfrischende Wasserkaskaden

Der Backenstein

Der Grundlsee mit Backenstein

sik-Events statt – der Backenstein ist immer mit von der Partie, ob bei „Sprudel, Sprudel und Musik" oder beim Festival der „Seer". Dabei ist die formschöne Felskanzel des Backenstein nur der Türsteher zu den dahinterliegenden schönen Alm- und Bergzielen des Toten Gebirges – und damit sind wir wieder im Bereich der „weißen Gipfel".

Wegbeschreibung:
Gleich vorweg: die 1100 m Höhenunterschied vom See zum Gipfel sind zwar sportlich, aber ohne Schwierigkeiten zu bewältigen – das möchte man beim ersten Blick auf diese Felskanzel gar nicht vermuten. Der Ausgangsort ist direkt im Ort Grundlsee. Man hält sich zunächst an die Hinweise zum Hotel Backenstein, folgt der schmalen Straße bergan bis zu den Markierungsschildern „Appelhaus-Backenstein Nr. 235", wo der eigentliche Aufstieg beginnt. Steil wandert man durch einen alten Bergwald bis zu einer sprudelnden Wasserkaskade, danach wird es gemütlicher und ein breiterer Forstweg führt geradewegs nach Osten bis zu einem Felseck, wo auch der vom Ortsteil Gaiswinkel heraufkommende Weg einmündet. Nun ändert sich der Charakter des Almweges (auf diesem Steig wird immer noch das Vieh zu den Almen auf- und abgetrieben!); der Wald bleibt zurück und unmittelbar unterhalb von senkrecht aufragenden Felswänden zieht der Steig den felsigen Hang hinauf zu einer Felskanzel.

Die Sonne strahlt mit voller Kraft in dieses südlich ausgerichtete Kar während man die steilen Serpentinen im Gaiswinkelkar aufsteigt. Der Tiefblick hinunter zum blauen Grundlsee zeigt schon den Höhenunterschied und die markante Silhouette des Dachstein im Westen kommt hinter den Waldbergen in unser Blickfeld. Wenig später ist der Sattel erreicht und der Weg zum Appelhaus wendet sich nun nach Norden und führt durch einen Graben bis zum ca. 200 m entfernten Wegkreuz. Zum Appelhaus geht es geradeaus weiter über schöne Almböden während eine unscheinbare Holztafel (Steig Nr. 236) rechts den Anstieg zum Backenstein Gipfel weist. Eine gute halbe Stunde Gehzeit trennt uns jetzt noch vom Gipfel. Steil geht es den Latschenhang hinauf, kleine Felsstufen sind zu überwinden und Trittsicherheit ist gefragt, denn auf dem schwarzen Humusboden, den Latschenwur-

- **Ausgangs- und Endpunkt:**
  Ort Grundlsee, 708 m, vorbei am Gemeindeamt Richtung Hotel Backenstein

- **Gipfel:**
  Backenstein, 1772 m, UTM N 5278590, 33 415015

- **Höhenunterschied:**
  1070 m im Auf- und Abstieg

- **Gehzeit gesamt:**
  insgesamt ca. 5–6 Std.

- **Stützpunkte:**
  Keine. Jedoch Gasthöfe in Grundlsee

- **Schwierigkeit:**
  Blau, leichte Bergtour, gut markiert, im Gipfelbereich auf den Weg achten – Trittsicherheit

- **ÖK-Nummer/Titel:**
  Österreichische Karte des Bundesamtes für Eich- und Vermessungswesen Nr. 96

- **Tipp:**
  Das Handwerk hat im Salzkammergut Tradition – im Dreieck zwischen Bad Aussee, Altaussee und Grundlsee arbeiten an die 13 verschiedenen Trachtenhandwerksbetriebe: vom Huterer und Dirndlschneider über den Schmuckhersteller bis zum Lederhosenmacher ... um nur einige zu nennen. Diese Meisterbetriebe sind eine wahre Fundgrube für Trachteninteressierte.

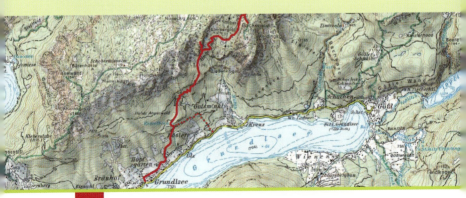

Der Backenstein

Der Backenstein – steiler Zahn oberhalb des Seerundweges

zeln und den glatten Felsen rutscht man leicht aus. Die letzten 10 Minuten wandert man auf einem schmalen Pfad durch dichte Latschen, steigt in Mulden hinunter und quert kleine Hänge – erst kurz vor dem Gipfelkreuz tritt man sozusagen ins Freie und genießt überraschend einen umfassenden Ausblick. Diese Annäherung zu einem Gipfel ist eher unüblich, man sieht ihn vorher kaum, der Pfad durch die Latschengassen führt sogar bergab und dann plötzlich betritt man die flache, freie Felskanzel. Der Überblick reicht über den ganzen Grundlsee und hinter den dunklen Waldbergen wird im Westen die hellgraue Karst-Hochfläche des Dachstein mit den schneeweißen Gletschern sichtbar, eingerahmt von den Felszacken des Gosaukamms. Die Rast hier heroben am Gipfel tut gut! Im Angesicht des nahen Grimming, der die umgebenden Waldrücken beeindruckend überragt, hat man einen herrlichen Überblick über einen Teil des Ausseerlandes im steirischen Salzkammergut. Trotz schöner Aussicht ist natürlich auch wieder an den Rückweg zu denken. Beim Abstieg in den Sattel ist Vorsicht angebracht, steil, teilweise schrofig und bei Nässe glatt tut man gut daran, achtsam zu sein. Im Gaiswinkelkar hat man stets den Blick auf den Grundlsee und kann sich schon auf ein erfrischendes Bad vorfreuen. Tipp: Wasser und Jause mitnehmen.

Besonderer Kultur- und Ausflugstipp:
Die Wege der Via Artis: Sie führen zu den schönsten Winkeln im Ausseerland, dorthin, wo Künstler und Literaten wohnten, lebten oder ihre Ferien verbrachten – mit einem Führer der Via-Artis-Wege als Begleiter ist man gut ausgestattet und kann vor Ort, bei den Stationen, viele interessante Geschichten nachlesen,
http://www.altaussee-tourismus.at/

Der Grimming

Mons Styriae altissimus

Im oberen Ennstal steht ein gewaltiger Felsklotz aus hellem Kalkgestein – der Grimming – 2351 m hoch. Einem bekannten Internetlexikon zufolge ist er der höchste, isoliert von anderen Bergen stehende Gebirgszug Europas, der hinter dem Schloss Trautenfels wuchtig aus dem Talboden aufragt und gleichzeitig das Ennstal vom Salzkammergut trennt. Der Grimming ist dominant, galt lange Zeit als höchster Gipfel der Steiermark und zieht alle Blicke auf sich, und das, obwohl auch im Norden des Ennstales die langgestreckten Felsabstürze der Haller Mauer imposant aufragen und im Südwesten die formschönen Gipfel der Niederen Tauern den Horizont beherrschen. Es gibt einen wunderschönen Aussichtspunkt oberhalb von Aigen, beim Stalingrad-Kreuz, wo sich der Grimming mit seinem gesamten Umfeld besonders schön überblicken lässt: Man sieht deutlich, wie die felsigen Ausläufer des Toten Gebirges durch

Narzissenwiesen mit Grimmig von Wörschachwald

Schwertlilie oder blaue Iris bei Schloss Trautenfels

die Scharte der Klachau vom Grimming getrennt sind und den Weg in das weite Mitterndorfer Becken und damit zum Salzkammergut ermöglichen. Die weithin sichtbare Kirche von Pürgg und die berühmte Johanneskapelle thronen auf einer vorgelagerten Felsstufe oberhalb von Schloss Trautenfels und sind kulturelle Kleinode im Banne dieser beeindruckenden Bergpersönlichkeit, die noch zum Dachsteinmassiv zählt und hauptsächlich aus einer abgebrochenen Scholle des Dachsteinstocks besteht. Links vom beherrschenden Grimming zeigt sich der Gipfel und Gletscher des Dachstein – aber sehr viel niedriger und bescheidener als der Grimming! Dieser Aussichtspunkt beim Stalingrad-Kreuz vermittelt wirklich eine besondere Perspektive auf die höchsten Gipfel der Steiermark – und in Kombination mit einer leichten Bergwanderung auf die Hohe Trett wird der Aus- und Rundblick noch getoppt. Noch ein Foto-Tipp: Bei einem Spaziergang um die Fischteiche am Fuße des Schlossberges von Trautenfels oder Einkehr in der Fischerhütte sieht man nicht nur den Grimming, sondern auch sein Spiegelbild – und das erweckt fast den Eindruck einer „Erdkugel", was dem Grimming durchaus gerecht wird.

Dass so ein Berg natürlich über mehrere Zustiege verfügt, ist logisch: von Süden mit leichter Kletterei über den SO-Grat, oder steil und lang mit ein paar versicherten Stellen über das Multereck zum Gipfel, und schließlich auch vom Norden über felsige, versicherte Stufen und Kare zum Grimming. Keine dieser Möglichkeiten ist ein Spaziergang – entsprechend reizvoll und lohnenswert ist daher eine Grimming-Gipfeltour. Viele Sagen ranken sich um diesen Berg: Paula Grogger aus Öblarn, in der Nähe des Grimming, hat ihm mit ihrem bekannten Buch „Das Grimmingtor" ein literarisches Denkmal geschenkt und dabei die Sagenwelt berücksichtigt, bei der es um unermessliche Schätze geht, die im Inneren des Berges verborgen sein sollten. Zu Fronleichnam soll sich das Tor öffnen und den Zugang in das Innere des Grimming ermöglichen – beschenkt und wieder in das Freie gelangen allerdings nur jene, die nicht gierig raffen und bescheiden bleiben, die anderen müssen für immer im Berg bleiben. Am südöstlichen Wandfuß des Grimming erblickt man vom Ennstal aus das Grimmingtor, eine Einkerbung in der Felsarena, oberhalb einer stark mit Latschen bewachsenen Felsstufe, die einem Tor ähnelt und die die Fantasie der Menschen schon immer beflügelt hat.

Wegbeschreibung:
Ausgangspunkt für die Besteigung des Grimming mit den geringsten Höhenunterschied ist der Kulm, jener hohe Bergsockel im Hinterberger Tal zwischen Tauplitz und Bad Mitterndorf, auf dem sich auch die Skiflugschanze (größte Naturflugschanze) am Kulm befindet. In Kulm, bei einem ehemaligen Gasthaus, derzeit eine Mostschenke, ist ein kleiner Parkraum.
Von hier aus wandert man am Weg Nr. 683 den Stribing Graben hinein, der bald steil im Wald bergauf führt bis an den Fuß einer Felsschulter, über die man entlang der rot-weiß-roten Markierungen und mithilfe eines Stahlseiles hinaufsteigt. An schönen Tagen mit sicherem Wetter ist das Tragen eines Helms hier durchaus zu empfehlen (hohe Frequenz von Bergsteigern), weil Steinschlag immer möglich ist! Über felsige Stufen, grasige Rücken und steil durch die Latschen geht es oberhalb der Waldgrenze immer weiter hinauf, zwischendurch sind immer noch einmal hilfreiche Versicherungen angebracht, bis man in ca. 1700 m Seehöhe das große Schuttkar erreicht, das links und rechts von hohen Bergflanken eingesäumt wird. Der Rückblick in den Talgrund ist mittlerweile schon sehr reizvoll und auch der Weiterweg durch das Schartenkar ist gut zu überblicken. Am Fuße der steil aufragenden Schartenspitze zieht der steinreiche Steig diagonal bergan, von rechts nach links durch den beeindruckenden Felskessel, bis zum Fuße des durch waagrechte Felsstufen gegliederten Nordabhangs des Grimming in ca. 1900 m. Die nächsten 300 Höhenmeter sind mit leichten Kletterstellen gewürzt. Zunächst links haltend, steigt man vom Kar aus in die gestuften Felsschultern ein, nützt die natürlichen Bänder (gut markiert), dann wieder den schmalen Felssteig und arbeitet sich so, teilweise über Geröllhalden und

Der Grimming

Grimming-Spiegelung im Schlossteich von Trautenfels

felsige Schrofen immer höher. Zwischendurch sollte man auch den großartigen Anblick zur Schartenspitze genießen. Der letzte Abschnitt führt durch einen kurzen Kamin, auch ein Dolinenschacht ist zu queren und dann geht es über den Nordwestgrat, ausgesetzt und steil (Fixseil) hinauf zum Ausstieg in den Grimmingboden und zur Biwakschachtel. Dann sind es nur noch 10 Minuten durch den grasigen Boden hinauf zum felsigen Gipfel. Hinter der Schartenspitze zeigt sich der Dachstein mit seinen Gletscherfeldern und schroffen Felstürmen, aber noch viel mehr hat mich der Tiefblick in das Ennstal beeindruckt, wo man noch gut die ehemaligen Enns-Mäander ausmachen kann. Je nach Wetter und Sichtverhältnisse kann der Grimming-Gipfel faszinierende Ausblicke bieten: in die karstige Welt des Toten Gebirges und, nur durch das Ausseerland getrennt, die ebenso grandiose Karsthochfläche „Am Stein" mit dem Kemmetgebirge, das den östlichen Ausläufer des Dachsteinstocks darstellt. Aus dieser Perspektive werden die Zusammenhänge sichtbar. Dieser alleinstehende, gewaltige Felsklotz bietet natürlich auch den Rundblick zu den vielen, nahen

Die weißen Gipfel

„weißen Gipfeln" wie den Gesäusebergen oder zum niedrigen, aber wohlgeformten Gindlhorn, Backenstein und Loser, Dachstein und den dunklen Tauerngipfeln, die zwar nicht zu den weißen Kalkbergen zählen, dafür aber attraktive Ausblicke zu den höchsten „Weißen" ermöglichen. Denn sie stehen dem Dachstein und seinen Trabanten, nur durch das Tal der Enns getrennt, genau gegenüber und ermöglichen dem Wanderer, eine andere, alpine Welt voller Wasser kennenzulernen – und das auf engstem Raum beiderseits des Ennstales. All das ist vom Grimming aus gut erkennbar. Im östlichen Gratverlauf ist das Multereck gut zu erkennen, dort führt ein ähnlicher Anstieg

■ Ausgangs- und Endpunkt:
Von der Ennstal-Bundesstraße bei Trautenfels Richtung Bad Mitterndorf abzweigen, dann die Abzweigung Tauplitz-Klachau nehmen und beim Bahnhof Tauplitz Richtung Girstatt und dort dem Wegweiser „Kulm-Grimmingaufstieg" folgen bis Kulm – kleiner P – vernünftig u. platzsparend parken! (962 m), UTM N 5265565, 33 424835.

■ Gipfel:
Grimming, 2351 m, UTM N 5263500, 33 426015

■ Höhenunterschied:
1400 m im Auf- und Abstieg

■ Gehzeit gesamt:
Aufstieg 4 Std., Abstieg 3 ½ Std.

■ Stützpunkte:
Keine, daher genug Wasser mitnehmen

■ Schwierigkeit:
Lange Bergtour mit leichten Kletterstellen, Schwierigkeit I-, versicherte Stellen. Steinschlag-Gefahr. Beim Grimming besonders gut auf das Wetter achten! Gute Alpinausrüstung, Trittsicherheit und Schwindelfreiheit Voraussetzung.

■ ÖK-Nummer/Titel:
Österreichische Karte des Bundesamtes für Eich- und Vermessungswesen Nr. 97

■ Tipp:
In Bad Mitterndorf bietet sich die neue Grimming-Therme mit dem warmen Thermalwasser zur Regeneration nach dieser Bergtour an – mit Blick zum Grimming!

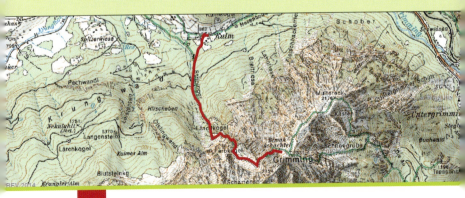

Der Grimming

Der Grimming, wuchtiger Felskoloss oberhalb von Bad Mitterndorf

wie vom Norden, vom Süden, von der Grimminghütte, herauf, der gerne bei einer Überschreitung als Abstieg benützt wird. Allerdings ist der Aufstieg über den SO-Grat klettermäßig anspruchsvoller und der Abstieg über das Multereck um gut 300 Höhenmeter höher. Der Rückweg zum Kulm ist mit Vorsicht anzugehen. Die schrofigen Passagen am NW-Grat erfordern volle Konzentration und das macht auch die Anforderung dieser Bergtour aus: man ist beim Rückweg kaum schneller als beim Aufstieg, weil eben die gestuften Felsrücken, das feine Geröll, die Passagen zwischen den Schrofen, wo man die Hände zu Hilfe nehmen muss, Achtsamkeit und natürlich auch Kondition erfordern. Noch dazu wenn im Sommer die Hitze zusätzlichen Tribut erfordert. Da es auf der ganzen Tour keine Einkehrmöglichkeit und auch kein Wasser gibt – genug Flüssigkeit und Jause mitnehmen und nicht beim Wasser sparen. Außerdem steht der Grimming im Ruf ein richtiger „Wetterfänger" zu sein, da heißt es, besonders aufmerksam den Wetterbericht zu verfolgen, denn am Grimming in ein Wetter zu kommen ist kein Vergnügen! Und der Weg durch das Schartenkar bietet nur eine kurze Erholung, denn auch der Abstieg über die beiden, felsigen Steilstufen erfordert trotz der Versicherungen noch volle Konzentration – also diesen Berg keinesfalls unterschätzen.

Der Loser

Zur schönsten Aussichtskanzel im Salzkammergut

Dem Toten Gebirge vorgelagert, ragen drei sehr markante und charakteristische Felstürme aus hellem Kalk über dem Ausseerland auf. Der Backenstein über dem Grundlsee, die Trisselwand, die die beiden Seebecken des Grundlsees und Altausseersees voneinander trennt und der Loser, der mit seinen felsigen Südabstürzen weithin sichtbar ist und von seinem Gipfel aus einen grandiosen Panoramablick ermöglicht. Auch sonst hat der Loser viel zu bieten: Man kann, muss aber nicht vom Talboden aus aufsteigen, dann sind es immerhin gut 1100 m Höhenunterschied; man kann aber auch auf der schön angelegten Panoramastraße bis zum Ausgangspunkt in 1500 m fahren und von dort den abwechslungsreichen Rundweg zum Gipfel nehmen oder auch auf einem luftigen Klettersteig den Gipfel erobern. Wie auch immer – dieser Gipfel ist,

Am Losergipfel oberhalb des Altausseer Sees

schönes Wetter vorausgesetzt, ein Highlight. Der Gipfel erscheint vom Tal aus unnahbar, dabei ist das Gipfelplateau selbst blumengeschmückt und von Norden her leicht über einen Grasrücken erreichbar, bricht aber nach Süden zu senkrecht ab und gewährt dadurch einen überraschend vielfältigen Ausblick über das Ausseer Becken mit den sanften Hügeln, den blauen Seen und der Umrahmung von weißen Bergen, wie Grimming, Kampspitze, Sarstein, Trisselwand und Dachstein-Massiv.

Wegbeschreibung:
Ausgehend von Altaussee wandert oder fährt man Richtung Blaa-Alm. Bei der Blaa-Alm beginnt der 601er-Anstieg hinauf zur Loserhütte, der im letzten Viertel einen alpinen Charakter annimmt. Beim Almdorf vor der Blaa-Alm beginnt die Panoramastraße (Maut) und führt in vielen aussichtsreichen Serpentinen hinauf zum großen Parkplatz. Schon von hier aus ist der Ausblick in die Karstlandschaft des Toten Gebirges einzigartig, ebenso wie der Blick zu den gegenüberliegenden Gletschern des Dachstein. Die gelben Schilder weisen von der linken Parkplatzseite nach Norden. Nur ein kurzer Anstieg ist notwendig, um den reizvoll in einer sanften Mulde liegenden Augstsee zu erreichen. Am Ostufer entlang wandert man gemütlich zum Ende des Sees und steigt dann auf einen felsdurchsetzten Steig durch ein interessantes Karstgelände bis zum berühmten Loser-Fenster. Dieser Felsdurchbruch gewährt einen Blick auf die Nordseite des Toten Gebirges und ist natürlich ein beliebtes Fotomotiv. Weiter geht es durch steiniges Gelände mit vielen Karren und Blumenpolster in Richtung Hochanger am Weg Nr. 256. Der Hochanger ist eine niedrige, vorgelagerte Erhebung mit einer kleinen Hütte und je näher man diesem Höhenrücken kommt, umso dominanter erhebt sich der Dachstein im Hintergrund. Vom Hochanger aus steigt man zwischen Latschen und kleinen Felsen in einen Sattel hinunter, wo der Weg von der Loserhütte kommend einmündet. Der Weiterweg steigt noch einmal über Felsstufen an und führt dann fast eben über einen grasigen Rücken hin zum großen Gipfelkreuz des Loser. Man sucht sich ein schönes Platzerl auf dem meist gut besuchten Gipfel, holt aus dem Rucksack ein paar Stärkungen und hat im gleichen Augenblick die volle Aufmerksamkeit sämtlicher Bergdohlen. In Ruhe lässt sich dann der Ausblick genießen: Östlich vom Loser kann man die Bergsteiger am Klettersteig beobachten, die über den letzten Felspfeiler, hoch über dem See, Richtung Gipfel steigen. Im Tal unten, aus den grünen Wiesen, erheben sich kleinere Waldhügel, die von den höheren Tauernketten im Süden eingerahmt werden. Nur eine kleine Drehung mit dem Kopf

ist notwendig, um ein neues Bild einzufangen: von Wiesen umgeben liegt der dunkle Altausseer See zu unseren Füßen, dahinter bilden die Abhänge des Zinken und Sarstein einen Ausschnitt, in den der Dachstein perfekt eingepasst ist. Aus dem karstigen Umfeld erhebt sich der gut sichtbare Hallstätter Gletscher mit dem Dachstein Gipfel als höchstem Punkt. Der anschließende Zackengrat gehört schon

■ **Ausgangs- und Endpunkt:**
Anstieg zum Loser von Altaussee – P beim Kurhaus, gegenüber der Kirche beginnt der Steig Nr. 254 zur Loserstraße unterhalb der Loserhütte. Anstieg von der Blaa-Alm am Steig Nr. 601 (alpin) zur Loserhütte.
Parkplatz am Endpunkt der Loser-Panoramastraße in 1577 m (Mautstraße)

■ **Gipfel:**
Loser, 1838 m, UTM N 5279335, 33 407725

■ **Höhenunterschied:**
Blaa-Alm: 902 m – zum Loser-Gipfel 900 Höhenmeter Aufstieg
Altaussee: 723 m – zum Loser-Gipfel 1110 m Höhenmeter Aufstieg
Parkplatz beim Loser-Bergrestaurant – Ende der Mautstraße: 1577 m – 360 Höhenmeter im Auf- und Abstieg als Rundweg über die Loserhütte – 1504 m, UTM N 5279305, 33 408815

■ **Gehzeit gesamt:**
Rundweg vom Loser-Parkplatz ca. 2 ¾ bis 3 ½ Stunden
Von Altaussee ca. 3 ½ bis 4 Stunden Aufstieg

■ **Stützpunkte:**
Bergrestaurant Loser am großen Parkplatz, 1577 m
Loserhütte, 1504 m, UTM N 5278815, 33 408470

■ **Schwierigkeit:**
Leichte Bergwanderung (blau), trotzdem ist gutes Schuhwerk notwendig

■ **ÖK-Nummer/Titel:**
Österreichische Karte des Bundesamtes für Eich- und Vermessungswesen Nr. 96

■ **Tipp:**
Immer einen Besuch wert ist das Salzbergwerk in Altaussee und das interessant gestaltete Literaturmuseum im Kurhaus in Altaussee. Und nicht zu vergessen: das großartige Narzissenfest in jedem Frühjahr.

Der Loser

Loser-Gipfelkamm gen Gosaukamm und Hohe Tauern

zum Gosaukamm und begrenzt das Blickfeld im Westen. Nach der Gipfel-Rundschau beginnen wir mit dem Abstieg. Es geht zunächst über den Grasrücken und über die Felsstufe zurück bis zum Sattel zwischen Loser und Hochanger, dort zweigen wir rechts ab (Weg Nr. 255) und folgen dem Steig bergab durch den Loserboden nach Süden. Beim letzten Steilhang oberhalb der Loserhütte ist bei den felsigen Stufen Aufmerksamkeit gefragt. Man quert den sonnigen Hang in östlicher Richtung und steigt dann die letzten Serpentinen hinunter zur einladenden, aussichtsreichen Terrasse der Loserhütte in 1504 m. Ausblick und kulinarische Schmankerln sind 1A und wer ein Liebhaber von Sonnenuntergangs- und Sonnenaufgangsbildern ist, der sollte auch in der Hütte übernachten, denn vom Zimmerfenster aus blickt man direkt zum Dachstein. Und diese farbenprächtigen Stimmungen einzufangen, gelingt kaum wo leichter als von diesem Standort – vorausgesetzt natürlich, dass das Wetter mitspielt. Wer ins Tal zurückmuss, geht einfach die letzten 10 Minuten neben der Straße zum Parkplatz hinauf. Und das war's dann auch – eine Genuss-Bergwanderung!

Besonderer Kultur- und Ausflugstipp:
Wer genug Zeit hat, sollte sich die Runde um den Altausseer See nicht entgehen lassen – der Blick von der Seewiese zum Dachstein ist einzigartig, vor allem wenn der See ruhig ist und sich die Gletscher im Wasser spiegeln. Das ist wirklich eine der schönsten Genusswanderungen im gesamten Salzkammergut und auch kulinarisch attraktiv.

Der Hochstubofen

Gipfeltouren beiderseits des Sölkpasses

Als Murauer, der in die Ramsau am Dachstein übersiedelte, fahre ich naturgemäß oft über den Sölkpass, der mir schon aus meiner frühen Jugendzeit vertraut ist. Und jedes Mal sind mir am Beginn der steilen Serpentinen der Erzherzog-Johann-Straße die ebenmäßig ansteigenden Gratlinien zum felsigen Gipfel des Hochstubofen aufgefallen. Das Wort „Ofen" steht auch für große Felsgruppen. Dieser Berg stand schon lang auf meiner Warteliste, noch dazu, wo er auch nicht weniger interessant aus dem Murtal erreichbar ist, genauer gesagt aus dem Eselsberggraben, wo eine leichte Genusswanderung zu den drei bekannten Almhütten, der Funkl-, Knolli- und Hölzlerhütte führt. Eine fast ebene Wanderung entlang des Baches macht auch Kindern Spaß und die Eltern werden die kulinarischen Verführungen der drei Almhütten zu schätzen wissen. Viele Bergsteiger haben die ebenfalls dort angesiedelte Selbstversorgerhütte, die Neunkirchner Hütte, als Basislager für schöne Bergtouren in den Wölzer Tauern gewählt, unter anderem auch für die Besteigung des Hochstubofen. Dieser Berg stellt eigentlich sowohl

Gipfelrast am Hochstubofen

Der Hochstubofen

Blick zum Deneck, Schladminger Tauern

eine Trennung wie auch eine Zusammenführung zwischen Enns- und Murtal dar. So schroff er mit seinen felsigen Abbrüchen wirkt, so überraschend zugänglich ist er auf den Normalwegen von beiden Seiten erreichbar. Allerdings würde ich ihn nicht mehr zu den reinen Wanderbergen zählen, wie zum Beispiel die Gipfelchen rund um den Hangofen, sondern schon eher als einen Gipfel für Bergsteiger.

Wegbeschreibung:
Mitten im Hochsommer hatten wir uns mit Freunden aus dem Murtal auf der Ennstalseite des Sölkpasses, bei der Erzherzog-Johann-Hütte getroffen, um endlich den Hochstubofen zu besteigen und somit von meiner „Warteliste" zu streichen. Ausgangspunkt ist der P bei der Hütte; die vielen, gelben Orientierungstafeln zeigen schon die diversen Möglichkeiten auf. Eine etwas längere Variante führt auf einem gemütlichen Almweg über die Jausenstation Winkler Alm bis zur schön gelegenen Mahdfeldhütte. Diese liegt am Fuße eines riesigen, grünen Kares unterhalb der Schafdach Spitze und des Seekars und ist bei der Abfahrt vom Sölkpass Richtung Ennstal „der" Blickfang. Bei der Hütte wendet sich der Weg Nr. 926 nach Südosten und führt nur mäßig ansteigend Richtung Haseneckscharte. Wir haben allerdings den schmalen Almsteig ab der Erzherzog-Johann-Hütte gewählt und

sind beim Wegkreuz rechts abgebogen und in der Nähe eines kleinen Baches über die Almböden bergauf gewandert. Dort, wo sich die beiden Wege wieder treffen, wird der Weg (926/909) steiler, quert immer wieder kleine Wasser und führt in Serpentinen, gesäumt von dichten Sträuchern, den Hang hinauf und in ein eindrucksvolles, weites Kar am Fuße des Hochstubofen. In den schön gegliederten Almmatten haben wir eine Überraschung erlebt: In voller Pracht standen in Gruppen die schönen, hohen Pannonischen Enziane mit purpurrot gepunkteten Blüten. Logisch, dass ein Fotostopp eingelegt wurde, bevor wir den Aufstieg fortsetzten. Hoch oben, schon in der Nähe der Scharte, gabelt sich dann der Steig überraschend noch einmal: Geradeaus geht es hinauf zur Haseneckscharte (909), dem Übergang

■ **Ausgangs- und Endpunkt:**
Ennstal: Sölkpass-Straße bei Stein a. d. Enns – St. Nikolai – P bei der Erzherzog-Johann-Hütte, 1490 m, UTM N 5236510, 33 431375
Murtal – St. Peter a. Kammersberg – Eselsberggraben – Hölzler- u. Neunkichner Hütte, P, 1535 m, UTM N 5235970, 33 435620

■ **Gipfel:**
Hochstubofen, 2385 m, UTM N 5235300, 33 432850

■ **Höhenunterschied:**
900 Höhenmeter im Auf- und Abstieg

■ **Gehzeit gesamt:**
5–6 Stunden

■ **Stützpunkte:**
Erzherzog-Johann-Hütte, 1490 m, UTM N 5236510, 33 431375
Sölkpass-Straße und Hölzlerhütte, 1535 m, UTM N 5236040, 33 435465 im Eselsberggraben

■ **Schwierigkeit:**
Bergtour – rot

■ **ÖK-Nummer/Titel:**
Österreichische Karte des Bundesamtes für Eich- und Vermessungswesen Nr. 128

■ **Tipp:**
Zwischen den Kehren der Passstraße verläuft auch der teilweise noch gut sichtbare „Römerweg" über den 1800 m hohen Sölkpass; Säumer brachten auf diesem Weg Salz aus dem Ausseerland nach Süden und tauschten dort Waren, wie zum Beispiel Wein, ein.

hinüber in den Eselsberggraben, rechts dagegen führt der weitere Anstieg zum Hochstubofen, quert unterhalb des Gipfels durch Blockgestein zum südwestseitigen Grat. Ohne Schwierigkeiten steigt man die letzte Anhöhe zum Kreuz hinauf. Am Gipfel ist Zeit für eine Jause, die im Angesicht vieler Nachbargipfel und nach der Anstrengung natürlich besonders gut schmeckt. Es gab keinen Grund zur Eile – nur weiße Schönwetterwolken am ansonsten blauen Himmel – also Zeit genug, um sich gründlich umzuschauen, zu plaudern und in den Himmel zu schauen. Dieser Berg erhebt sich im Grenzbereich zwischen den Wölzer- und den Schladminger Tauern und dementsprechend präsentieren sich auch die anderen Gipfel in der Nachbarschaft. Im Osten zeigt der Schober Spitz seine markante Gipfelsilhouette; im Westen ist das Deneck fast zum

Greifen nahe, nur durch den Einschnitt des Passes getrennt, dahinter türmen sich die höchsten Gipfel der Niederen Tauern, nur überragt von den 3000ern der Ankogel- und Glocknergruppe. Der Blick zu den tief unten liegenden Almhütten im Eselsberggraben einerseits und den Almböden auf beiden Seiten des Großen Sölkbaches andererseits verstärkt den Eindruck, hoch oben zu stehen, und so vermittelt der Hochstubofen ein besonderes „Gipfelgefühl", ein eigentlich „höheres" als es seine 2385 m Seehöhe erwarten ließen.
Zum Abstieg: Wir sind am selben Weg zurück, haben uns noch einmal in aller Ruhe über die vielen Pannonischen Enziane gefreut, haben die Füße im eiskalten Bachwasser erfrischt und in der Erzherzog-Johann-Hütte geschmaust und auf den Gipfel angestoßen.
Der Aufstieg aus dem Eselsberggraben beginnt bei der Neunkirchner- und Hölzler Hütte (Endpunkt der Almstraße) am Weg Nr. 926 und führt zunächst durch den weiten Almboden, dann steiler werdend am Südhang des Krautwasch Richtung Haseneck Scharte. Unterhalb der Scharte wendet sich der Steig aber nach Süden und quert unterhalb des „Ofens" das große Kar (ähnlich wie auf der anderen Seite) und führt dann sehr steil über Grashänge zur Rockl Scharte. Dort betritt man sozusagen den Südgrat und steigt auf diesem über leicht begehbare Blockstufen zum Gipfel auf. Gelegentlich braucht man auch die Hände zum Abstützen. Fazit: Dieser Berg ist es wert, erstiegen und erlebt zu werden – egal von welcher Seite aus.

Über die Kaltenbachseen zum Deneck

Im Reich von Enzian, Sumpfdotterblumen und Alpen-Habichtskraut

Diese Bergtour erschließt eine ausgesprochen reizvolle Berglandschaft westlich der Sölkpass-Straße. War der Ausgangspunkt für den Hochstubofen am Beginn der Serpentinen und führte in den östlichen Bereich des Sölkpasses, so liegt der Beginn der Deneck-Wanderung gut 200 Meter höher bei der Kaltenbach Alm. Nach Süden und Westen zu steigen die grünen Hänge, die im Frühsommer aufgrund der unzähligen Alpenrosen rot gefärbt sind, steil auf zum Nageleck und Deneck. Sie sind schön gegliedert mit Karen und kleinen Seen, die auf Plateaus in unterschiedlichen Höhen liegen und durch einen springlebendigen Bach verbunden sind. Selten ist ein Gipfelanstieg so abwechslungsreich und vielfältig, noch dazu mit dem Vorteil, dass es schöne Zwischenziele gibt, die zur Rast einladen und die vom reinen Aufstieg ablenken. Für eine Wanderung mit Kindern also bestens geeignet, auch weil man jederzeit umkehren kann, falls

Der oberste Kaltenbachsee

es zu anstrengend wird. Die Gegend rund um die Kaltenbach Alm ist besonders stark vom Almrausch geprägt und zwischen Unteren und Mittleren Kaltenbachsee blüht im Sommer auch der schon selten geworden gelbe Enzian mit den auffallend grün glänzenden Blättern und den gelben Blüten. Er wächst langsam, wird aber zwischen 50 cm und 140 cm hoch und die Wurzeln werden für die Herstellung des Enzian-Schnapses verwendet. Aufgrund seiner Bitterstoffe wirkt die Pflanze verdauungsanregend. Und der dritte See, der Obersee, ist im Frühsommer von einem Kranz gelber Sumpfdotterblumen umgeben, während am aussichtsreichen Etrachboden, unterhalb des Gipfels, die Wiesen gelb vom Alpen-Habichtskraut leuchten. So gesehen hat jede Etage auf dieser Wanderung ihre Besonderheit und das macht auch den Reiz dieser landschaftlich großartigen Bergwanderung aus.

Wegbeschreibung:
Etwas oberhalb der bewirtschafteten Kaltenbach Alm befindet sich vor der starken Linkskehre der Sölkpass-Straße ein kleiner Parkplatz. Die gelben ÖAV-Tafeln weisen rechts über den Bach zu einem typischen Tauernsteig, der in ausgeprägten Zickzack-Kehren zur Hangstufe mit dem Unteren Kaltenbachsee führt. Das Gebiet um den See wird immer noch als Almweide genützt und die Sennerin muss jeden Tag aufsteigen, um nach ihren Schützlingen zu sehen – bei unserer letzten Begegnung hatte sie auch noch ihr Baby am Rücken mit dabei. Ein schönes Bild – die junge Mutter mit Kind zwischen den Tieren am Seeufer.
Unschwierig geht es weiter: Über den grasigen Kamm oberhalb des Sees zieht der Steig zum weiß gischtenden Bach hinauf, der weiter oben über eine Felsstufe stürzt. Ein paar Latschenfelder und runde, mit leuchtend grünem Moos bedeckte Buckel zur rechten Hand sind Standorte des hochstämmigen, gelben Enzians. Überall glucksen kleine Rinnsale und ein versteckter winziger See und mit Moosen und Blumen geschmückte Hänge formen im Umfeld des Mittleren Kaltenbachsees die Landschaft. Am linken Uferrücken geht es zunächst gemütlich, dann immer steiler über einen Felssporn zur dritten Etage, in der ebenfalls ein kleiner See eingebettet liegt, hinauf. Ein idyllischer Platz zum Verweilen, speziell im Frühsommer, wenn die SO-Seite des kleinen Sees mit unzähligen, leuchtend gelben Sumpfdotterblumen bedeckt ist. Das ist auch ein richtiger Abenteuer-Spielplatz für Kinder: Unter dem Blockwerk murmelt ein Bächlein, rundherum locken Felsblöcke und die weiche Wiese am Seeufer ist einladend. Aber auch die nächsten Ziele sind nicht weniger reizvoll: Der Steig über die Steilstufe mit dem gischtenden Bach daneben ist schnell geschafft,

Trittsicherheit ist hier von Vorteil, und dann betritt man auch schon die reizenden Etrachböden. Der Blick zurück zeigt den steilen Anstieg über die beiden Seen und deutlich heben sich dahinter die Kehren der Sölkpass-Straße im Grün der umliegenden Berghänge ab. Vor uns aber liegt eine weite, flache Hochebene, die von einem Kranz schöner Berggipfel umgeben ist. Was mich dort so fasziniert, ist das Bächlein, das sich leise glucksend seinen Weg durch die hoch gelegene Almwiese sucht, bevor es über die Felsstufe stürzt und die drei Seen füllt. Im Juli sind die Wiesen der Etrachböden mit einer unwahrscheinliche Fülle an gelben Blumen bedeckt – ein reizvoller Kontrast zu den umliegenden Gipfeln. Mein Vorschlag für den Weiterweg: Über die sanfte Kuppe zur rechten Hand zum südöstlichen Grat aufsteigen und über die erste Erhebung, die eher unbedeutende Schafspitze, gehen, danach in die Mulde absteigen und den Steinmännern folgend über den immer steiler werdenden Grat zum Gipfel des Deneck aufsteigen. Und jetzt muss ich zu meiner Schande gestehen, dass ich das neue, erst vor Kurzem aufgestellte, sehr schöne Gipfelkreuz noch gar nicht gesehen habe! Aber es gibt noch so viele unbekannte Gipfel

■ **Ausgangs- und Endpunkt:**
Kaltenbachalm an der Sölkpass-Straße, ennstalseitig, P etwas oberhalb der Almhütte, UTM N 5236645, 33 430345

■ **Gipfel:**
Deneck, 2433 m, UTM N 5237485, 33 428205

■ **Höhenunterschied:**
ca. 950 m im Auf- und Abstieg

■ **Gehzeit gesamt:**
5–6 Std. gesamt, rot-weiß-rote Markierung

■ **Stützpunkte:**
Nur am Ausgangspunkt – die Kaltenbachalm, UTM N 5236645, 33 430345

■ **Schwierigkeit:**
Bergtour blau – steile Almsteige, teilweise schrofig am Gipfelgrat, Blockhalde im Gipfelbereich

■ **ÖK-Nummer/Titel:**
Österreichische Karte des Bundesamtes für Eich- und Vermessungswesen Nr. 128

Über die Kaltenbachseen zum Deneck

Die schönen Etrachböden unterhalb des Gipfels

und Wanderungen ... wobei es ein paar Berge und Seen gibt, die ich regelmäßig jeden Sommer besuche. Vom Deneck aus zeigt sich gegen Westen die dominante Pyramide des Knallstein, des höchsten Gipfels in den Sölker Tauern. Süssleiteck und Schimpelspitze im Süden helfen bei der Orientierung, denn dort verläuft der Übergang von St. Nikolai über die Schimpelscharte zur Rudolf Schober Hütte und zum Etrachsee bei Krakaudorf. Wer eine gute Karte mithat und sich am Gipfel die Zeit nimmt, falls es das Wetter zulässt, der kann mittels Karte die umliegenden Bergspitzen bestimmen und die nächsten Ziele auswählen. Für den Abstieg vom Gipfel gibt es eine gemütlichere Variante: Man folgt vom Gipfel aus den Steigspuren hinunter, bleibt dann aber nicht am Grat, sondern quert rechts in die große Blockhalde, um das Steiglein, das durch die schönen Wiesen der Etrachböden herraufführt, zu erreichen. Das ganze Gebiet ist dabei immer gut zu überblicken und der Spaziergang auf dieser Hochfläche macht einfach Freude. Wo die Etrachböden in die Felsstufe übergehen, ist der Tiefblick zu den Seen atemraubend und ich zumindest trenne mich immer schwer von diesem Platz – dieser hoch gelegene Boden, der nur von sanften Kuppen und Bergspitzen umgeben ist, hat es mir einfach angetan. Der weitere Abstieg erfolgt am Aufstiegsweg und erfordert Vorsicht, ist aber durch das stufige Gelände und die Seen abwechslungsreich. Bei gutem Wetter sind die Seeufer einladende Rastplätze und beim Ausgangspunkt lässt es sich in der Kaltenbachalm, bei guten Almprodukten, gut aushalten. Alles in allem eine abwechslungsreiche Wanderung durch ein schönes Almgebiet mit drei Bergseen, stürzenden Wassern, hoch gelegenen Blumenwiesen und einem aussichtsreichen Gipfel.

Der Predigtstuhl

Schroffer, aber formschöner Tauerngipfel

Der Gipfel des Predigtstuhl, der vom Dachstein aus gesehen einem sitzenden Adler gleicht, ist auf mehreren Wegvarianten erreichbar. Von Norden, aus dem Ennstal kommend, führt der lange Anstieg von der Breitlahnhütte im Kleinsölktal durch Almgebiet und reizvolle Kare zum steil aufragenden felsigen Gipfelgrat. Von Süden aus, vom Murtal kommend, führen die Zustiege entweder über das Rantental und Rantensee zum Gipfel oder über die längere Variante über die Rudolf Schober Hütte und das Hubenbauer Thörl. Jeder dieser Wege hat Vorzüge, eines ist aber bei allen Wegen gleich, das sind die vielen kleinen Bergseen, die in grünen Karmulden oder eingebettet in felsigen Blockhalden liegen und die Zustiege abwechslungsreich gestalten.

Ich habe diesen Gipfel in jungen Jahren erstmals von der Rudolf Schober Hütte aus bestiegen und daran kann ich mich heute noch bestens erinnern: An den langen Hatscher über das Hubenbauer Thörl, die endlos erscheinende Blockhalde und der unheimlich wirkende Gipfelgrat bei Nebel – war es doch eines meiner ersten Bergabenteuer; aber gerade deshalb hat es mich immer wieder zu diesem Berg gezogen. Entweder auf einer kürzeren Bergtour vom Rantensee aus – im Sommer fährt der Tälerbus bis kurz vor den See – oder als lange Runde vom Kleinsölktal über das Hüttkar zum Gipfel und über das Rantentörl zurück. Die Kombination aus steilem, rassigen Felsgipfel und den dunklen Seen in den Karen rund um den Gipfel ist einfach spannend. Dazu kommt das traditionelle Brauchtum im Krakautal, wo noch an einigen Wochenenden im Sommer „Samson", der Riese, und in seiner Begleitung Bürgergarde und Musikkapelle in alten, napoleonischen Uniformen ausrückt. Die rund 80 kg schwere und 4 m hohe Riesenfigur wird nur von einem Mann getragen und bewegt! Zu den Ehrensalven der Schützen und den Klängen der Musikkapelle tanzt er den Samsonwalzer und wird nach jedem dieser Tänze mit dem edlen Gerstensaft der Murauer Brauerei gestärkt. Dieser Brauch ist nur noch in Murau, im Krakautal und im angrenzenden Lungau erhalten und üblich. Interessant ist auch das Kleinsölktal im Norden: Auf dem Weg zur Breitlahnhütte kommt man auch am Steinbruch vorbei, wo der schö-

Glasklarer kleiner Bergsee, perfekter Rastplatz

Der Predigtstuhl

ne, rosafarbene Sölker Marmor abgebaut wird. Auch in der Schlucht zwischen dem Groß- und Kleinsölktal, in der Strub, tritt im Bachbett der edle Marmor zu Tage und bildet attraktive Gumpen. Reizvoll ist auch der Talschluss des Kleinsölktales; im Bereich der Putzentalalm stürzen im Frühjahr bis zu 15 Wasserkaskaden über die Felsstufen in das weite Kar. Sternförmig führen von der idyllischen Putzentalalm die Wanderwege zu den Übergängen nach Süden: über die Kaiserscharte zum Klafferkessel, über die Landschitzscharte zu den Landschitzseen und über die Preberscharte in das Prebertal. Mitten drin und von seiner felsigen Warte aus alles überragend – der Predigtstuhl.

Wegbeschreibung:
Die Bergtour zum Predigtstuhl beginnt im Norden in der Nähe von Gröbming, in Stein a. d. Enns, im Naturpark Sölktäler, wo sich die beiden Täler trennen. Das langgezogene schmale Tal oberhalb des Kleinsölkbaches führt auf der rechten Hangseite weit nach Süden, am Marmorsteinbruch vorbei, bis zur Breitlahnhütte in 1070 m. Viel begangen ist von hier aus der ebene Weg zum idyllischen Schwarzensee und weiter zur einladenden Putzental Alm mit den niedrigen, noch mit Schindeln gedeckten Almhütten im großen Karboden. Ausgangspunkt für die diversen Übergänge in den Lungau und zum Preber- und Rantental.
Für den Predigtstuhl folgt man zunächst dem Weg zum Schwarzensee, allerdings zweigt man kurz vor der Grafen Alm, bei einer riesigen, alleinstehenden Fichte, nach rund 30 Minuten Gehzeit vom See links ab und wandert in ebenem Almgelände auf schwach ausgeprägtem Pfad bis zur Vorderen Neualm. Im schattigen Wald und bei weniger als 100 m Höhenunterschied geht es am Weg Nr. 702 bis zur Inneren Neualm. Dann wechselt die Landschaftsszenerie und der Steig führt in einem dichten, uralten Lärchenwald über eine steile Stufe bergan. Mitten im Lärchenwald zweigt der Weg Nr. 702 rechts ab – er führt über den Roßboden zum Rantentörl und ist unser Rückweg – während wir unseren steilen Aufstieg nun am Weg Nr. 793 zur Waldgrenze fortsetzen. Es sind fast 600 Höhenmeter bis hierher zu überwinden und ober der Waldgrenze erwartet uns noch eine Erlen- und Latschenzone, bevor man das weite Hüttkar am Fuße des jetzt schon nah erscheinenden Predigtstuhls erreicht. Große, runde, vom Gletscher blank geschliffene Felsbuckel prägen hier die Landschaft und in Mulden und Senken eingebettet liegen ein großer und ein kleinerer See. Ein idealer Rastplatz mit schöner Aussicht. Der Weiterweg führt direkt an den Wandfuß und dann durch eine steile, geröllige und ausgesetzte Rinne zur Gipfelscharte, wo man auf den Weg vom Ran-

Der Predigtstuhl

Aussichtsreicher Rastplatz im Hüttkar unterhalb des Predigtstuhls

tensee trifft. Nun windet sich das felsige Steiglein (teilweise Seilsicherungen) an der Nordseite des Vorgipfels entlang bis zur Scharte und etwas ausgesetzt über den Grat zum spitzen Gipfel. Der Ausblick bei schönem Wetter ist großartig – ganz nah wirkt die dunkle Pyramide des Knallstein im Osten, im Westen locken die großen Tauerngipfel wie Hochwildstelle, Waldhorn, Golling und Höchstein und auf der anderen Ennstalseite zeigt der kalkbleiche Dachstein mit seinen Trabanten seine Mächtigkeit. Tief unten liegen die kleinen Seeaugen und die langen Tauerntäler, die wie die Finger an einer Hand vom Ennstal in die Tauern hineinführen, trennen die Bergzüge voneinander. Für den Rückweg nimmt man denselben Weg bis zur Scharte, steigt aber nicht in die Rinne zum Hüttkar ab, sondern wandert nun am 793er über einen schrofigen Hang an der Südseite des Wiegenecks bergab bis zum See im Wiegenkar. Dort wird es wieder flacher, es geht oberhalb des Sees entlang zur Abzweigung: Links führt der Weg 702 in südöstlicher Richtung über die Hinterkarscharte zum Hubenbauertörl und zum Etrachsee, geradeaus geht es in das nächste Kar hinunter mit einem reizenden, kleinen, kristallklaren Seelein. Bei sicherem Wetter ist hier eine kurze Pause angesagt; es ist nicht nur die typische, raue Tauern-Szenerie, die mich hier immer so fasziniert, sondern auch ein kurzes Eintauchen in das wirklich kalte Wasser ist angesagt und so erfrischend, dass der Weiterweg wieder Freude macht. Denn der ist noch lang! Es geht oberhalb des Rantensees auf schmalem Wiesensteig quer über den steilen Grashang zum Rantentörl in 2166 m. Der

Der Predigtstuhl

folgende Abstieg ist lang, aber auch besonders vielfältig: Zunächst steigt man vom Törl entlang von Felsblöcken bergab zu einem lieblichen, kleinen See, der mit seinen von Wollgras gesäumten Ufern im Sommer einen Kontrapunkt zur felsigen Umgebung des Predigtstuhls setzt. Bei meiner letzten Wanderung war es schon später Nachmittag und mildes Licht hat die zarten Wollgrasknäuel so richtig zum Leuchten gebracht – ein perfektes Tauernmotiv. Und ganz ungern habe ich mich ja wirklich nicht in die Wiese gelegt, um zu fotografieren, denn mittlerweile war ich schon gut sieben Stunden unterwegs und 1000 Höhenmeter im Abstieg warteten noch! Aber es war herrliches Wetter, kein Gewitter in Sicht und gutes Fotolicht. Über eine weitere Steilstufe geht es bergab zum Roßboden im Steinkar und steil einen Wasserfall entlang bis in den Lärchenwald, wo die beiden Wege (702 und 793) zusammentreffen. Über die Innere und die Vordere Neualm wandert man die letzte Stunde auf ebenen Wegen zur Breitlahn Hütte. Fazit: langer Weg, abwechslungsreiche Landschaft, rassiger Gipfel! Tipp: nur bei sicherem Wetter gehen! Trittsicherheit absolut notwendig.

Variante aus dem Krakautal:
Vom Süden aus, vom Krakautal kommend, ist in Krakau Hintermühlen, kurz nach der Klausnerberg-Säge der P und Ausgangspunkt für die Wanderung zum Predigtstuhl. Im Sommer (Juli und August) fährt der Tälerbus bis kurz unterhalb des Rantensees, man erspart sich dadurch ca. 1 ½ Std. Gehzeit durch das Rantental. So man ein Auto mit etwas mehr Bodenfreiheit hat, besteht auch die Möglichkeit, sich einen Schlüssel für das Weidetor gegen ein kleines Entgelt zu leihen und dann selbst bis zum kleinen P unterhalb des Rantensees zu fahren (Parken mit Rücksicht auf andere!). Obwohl: Der Anstieg durch das Rantental ist malerisch und der Weg führt meist entlang des Baches bis zum Rantensee. Kurz zuvor ist bei einem hausgroßen Felsblock in 1878 m der Ausgangspunkt. Gegen Nordosten steigt man auf einem markierten Steig steil über einen Rücken in den Karboden der Rantenalm hinauf – ein kleiner See wird rechts umgangen, dann führt der Weiterweg zum nächst höheren Kar durch einen schönen Almkessel unterhalb der Windschnurspitze und man gelangt nach einem kurzen Anstieg in das Wiegenkar, natürlich wieder mit einem See. Am Weg Nr. 792 wandern wir auf einem Rücken, am kleinen See vorbei gegen Norden und steigen dann steil über einen schrofigen Hang auf bis zur Südwest-Schulter des Predigtstuhls. Es folgt eine etwas ausgesetzte

Wenig Platz für die Gipfelrast am Predigtstuhl

Die weißen Gipfel

■ **Ausgangs- und Endpunkt:**
1) Variante Breitlahnhütte: Anfahrt von Stein an der Enns durch das Kleinsölktal zur Hütte, UTM N 5240950, 33 416015
2) Variante Rantental: in Krakau Hintermühlen, bald nach der Klausnerberg-Säge ist der P. Hat man den Schlüssel für das Weidetor, kann man bis zum kleinen Parkplatz unterhalb des Rantensees fahren. Info beim Tourismusverband Krakautal, Tel. +43 3535 8606
3) Variante Etrachsee: von Krakau Ebene bis zum P am Etrachsee, UTM N 5230610, 33 422625

■ **Gipfel:**
Predigtstuhl, 2543 m, UTM N 5234855, 33 417605

■ **Höhenunterschied:**
1) Breitlahnhütte, 1070 m: über Hüttkar zum Gipfel und über das Rantentörl zurück: 1470 Höhenmeter im Auf- und Abstieg
2) Krakau Hintermühlen: Rantental (Ausgangspunkt „Bahnhof", 1370 m): über Rantensee und Wiegenkar zum Gipfel: 1173 Höhenmeter im Auf- und Abstieg. Vom Rantensee aus zum Gipfel: 670 Höhenmeter im Auf- und Abstieg.
3) Etrachsee, 1374 m: über Hubenbauertörl und Hinterkarscharte zum Gipfel: 1170 Höhenmeter im Auf- und Abstieg

■ **Gehzeiten gesamt:**
1) Breitlahnhütte und Runde über Hüttkar – Gipfel und Rantentörl zurück: 8–9 Std.
2) Rantental zum Rantensee: ca. 1 ½ bis 2 Std. / Rantensee – Gipfel – Rantensee: ca. 4 ½ bis 5 Std.
3) Etrachsee und über Hubenbauertörl zum Gipfel u. retour: 7–8 Std.

■ **Stützpunkte:**
Meist nur am Ausgangspunkt oder kurz danach!
Breitlahnhütte (Forellen und Steirerkas auf Ennstaler Art), UTM N 5240950, 33 416015
Rantental: Jausenstation Ebenhandlhütte im Rantengraben (Jause, Steirerkas auf Murtaler Art), UTM N 5230170, 33 417875
Etrachsee-Stüberl (geräucherte Forellen als Spezialität)

■ **Schwierigkeit:**
Rassige, lange Bergtour, Trittsicherheit und Schwindelfreiheit notwendig, rot

■ **ÖK-Nummer/Titel:**
Österreichische Karte des Bundesamtes für Eich- und Vermessungswesen Nr. 128 + 158

■ **Tipp:**
Schöne, alte Holz-Kassettendecken in der Pfarrkirche in Krakaudorf und in der sehenswerten Ulrichskirche am Weg zum Etrachsee.

Der Predigtstuhl

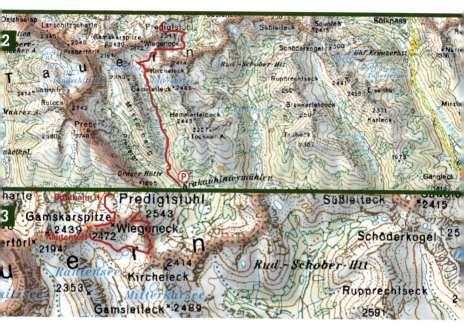

Passage: Der schmale Felssteig verläuft nun fast eben oder leicht fallend auf die Nordseite (teilweise Seilsicherung) bis zur letzten Scharte oberhalb des Hüttkars (Nr. 793 trifft mit 792 zusammen). Über den schmalen Felsgrat (ebenfalls versichert) erreicht man in wenigen Minuten den Gipfel. Trittsicherheit und Schwindelfreiheit sind allerdings schon notwendig, wenn man Freude an dieser schönen Bergtour haben möchte. Getränke und Jause, Wind- und Regenschutz gehören für diese Wanderung in den Rucksack.

Vom P am Etrachsee führt ebenfalls ein Weg zum Predigtstuhl, und zwar über die Schöttlalm und anschließend in einem langen Anstieg von rund 700 Höhenmeter am Weg Nr. 702 zum Hubenbauertörl in 2051 m. Im leichten Auf und Ab und ohne große Höhenunterschiede wandert man anschließend über großes, grobes Blockgelände unterhalb der Speikleiten am Steirischen Landes-Rundwanderweg zur Hinterkarscharte, wo man zwischen den beiden Karen auf den Weg vom Rantensee kommend – Nr. 793 – trifft und auf diesem dann weiter zum Gipfel aufsteigt.

Besonderer Kultur- und Ausflugstipp:
Immer am ersten Sonntag im August, am Oswaldi-Sonntag, findet der Samson-Umzug in Krakaudorf statt. Am 15. August in Murau.

Die Hochwildstelle

17

Entlang stürzender Wasser zu Steiermarks höchstem Gipfel

Mit 2747 m zählt die Hochwildstelle mit Hochgolling und Dachstein zu den höchsten Gipfeln der Steiermark. Rein steirisch gesehen ist die Hochwildstelle die Nr. 1 in der Steiermark, was die Höhe betrifft, denn über die beiden anderen Gipfel verlaufen die Ländergrenzen von Salzburg und Oberösterreich. Außerdem ist der markante Felsgrat der Niederen und Hohen Wildstelle ähnlich wie der pyramidenförmige Höchstein weit dem Ennstal zu vorgelagert und daher sehr präsent. Viele Wegvarianten führen sowohl von Norden als auch von Süden zum Gipfel; Klassiker mit Tradition, die allerdings nicht leicht sind, sondern durchaus fordernd. Der steirische Prinz, Erzherzog Johann, hat hier seine Spuren hinterlassen und war an der Erstbesteigung beteiligt, hat den Auftrag gegeben, einen Anstieg zum Gipfel zu finden und stand selbst im Sommer 1814 und 1817 am Gipfel. Bei seiner zweiten Besteigung war auch sein Kammermaler Gauermann mit von der Partie und hat bezaubernde Aquarelle und Zeichnungen dieser eindrucksvollen Gebirgslandschaft hinterlassen und überlieferte, ganz im Sinne des Erzherzogs, eine bildliche Bestandsaufnahme der steirischen Bergwelt in Ergänzung zu dessen Tagebuchaufzeichnungen. Im Umfeld dieses gewaltigen Felsmassives trifft man auf vielfältigste Landschaftsformen: lieblich, herb, drohend und beeindruckend. Wasserfälle, Bergseen, Wildbäche und Rinnsale in allen Formen. Steile Felswände und sanfte Almen, felsige Kare und weite, grasige Hänge prägen diesen Berg, der hoch über das Ennstal aufragt. Eine Gipfelüberschreitung von Nord nach Süd ist eine ordentliche Bergtour mit dem Vorteil, die Besonderheiten in konzentrierter Form erleben zu können. Erleichtert wird diese Gipfelwanderung durch die beiden schön gelegenen Schutzhütten – Hans Wödl Hütte am Hüttensee im Norden und die Preintalerhütte im Süden. Die Wiener Gruppe: „Die alpine Gesellschaft der Preintaler" hat sich frühzeitig im zentralen Bereich der Schladminger Tauern engagiert und begonnen, Schutzhütten an idealen und besonders günstigen Standorten zu errichten, und das schon ab dem Jahre 1886. Hans Wödl, ein Mitglied der „Preintaler", hatte die Aufgabe übernommen, einen Führer über die Schladminger Tauern zu schreiben: „Ich bürdete mir damit eine sehr schwierige Verpflichtung auf. Wenn ich als ‚bester

Die Hochwildstelle

Der Schleierfall oberhalb des Hüttensees

Kenner' der Schladminger Tauern angesprochen, kann ich dies nur für einzelne Teile derselben gelten lassen. Das Gebiet ist zu groß und zu reich gegliedert, um es trotz meiner ein Menschenalter hindurch gewidmeten Bevorzugung vollständig erschließen und beherrschen zu können ..." Mir liegt sein Führer aus dem Jahre 1924 vor und ich kann nur voller Respekt meinen (nicht vorhandenen) Hut ziehen vor dieser Leistung. Da gab es noch keine Straßen in die langen Täler, keinen Wanderbus, keinen Tälerbus und keine Seilbahnen. Die Hütten wurden erst gebaut und die Wege musste er erst suchen, entdecken und begehen ...! Im Sinne dieser beiden Persönlichkeiten Hans Wödl und Erzherzog Johann, die die Erschließung der Schladminger Tauern förderten und ermöglichten und zum 200. Jubiläum des Erzherzogs, der 1814 erstmals im August den Gipfel der Hochwildstelle erreichte, möchte ich diese Bergtour vorstellen.

Wegbeschreibung:
Mein Vorschlag beginnt im Süden, im Ennstal. Wir zweigen bei Haus i. E. in Ruperting ab und fahren durch das Seewigtal bis zum großen Parkplatz für den Bodensee. Es ist sicher klug, diese Wanderung sehr früh zu beginnen, um genug Zeit für unterwegs zu haben – ich bin immer noch im Dunkeln den schönen, ebenen Weg zum Bodensee

und weiter Richtung Wasserfall gewandert. Am Seeende führt der steinige Pfad durch ausgedehnte Farnfelder, das Rauschen des Wasserfalls wird lauter und der Steig wird immer steiler. Knapp an der Felswand entlang, über Felsstufen, geht es in der Nähe des Wasserfalls bergauf bis zum Felsplateau, wo in reizvoller Lage die Hans Wödl Hütte liegt. Von der Terrasse aus erschließt sich ein eindrucksvolles Gebirgspanorama mit See, Schleierfall und Hochwildstelle.

Die Schilder beim Wegkreuz zeigen die vielfältigen Touren-Möglichkeiten dieses Stützpunktes auf: Wir folgen dem Weg mit der Nr. 782, der nun im hohen Gras über Felsen und Wurzeln, ohne großen Höhenunterschied, oberhalb des Hüttensees entlangführt. Am Fuße des schönen Schleierfalls vorbei beginnt am Seeende des Hüttensees die nächste Steilstufe hinauf zum Obersee. Einer Perlenkette gleich reihen sich hier im Norden die drei Gletscherseen und viele stürzenden Wasser aneinander auf dem Weg zum Gipfel. Beim Obersee überblickt man den gesamten weiteren Anstieg hinauf zur Neualmscharte und die riesigen Wandfluchten der Niederen und Hohen Wildstelle. Zu den bereits bewältigten 500 Höhenmetern kommen nun noch steile 675 Höhenmeter dazu. Zunächst zieht der Steig oberhalb des Sees zur rechten Hangseite, führt dann in spitzen Kehren über eine Stufe hinauf in das Kar unterhalb der Scharte und dann ziemlich steil in gerader Linie zur Neualm Scharte in 2347 m. Das letzte Stück ist schrofig und der Steig ist nicht sehr ausgeprägt und vor allem im Frühsommer liegt hier meist noch ein großer Altschneerest im Schatten. Also Vorsicht, wenn der Schnee noch hart ist – gute Bergschuhe sind eigentlich selbstverständlich und Stöcke sicher hilfreich. Der Blick von der Scharte zurück zu den drei Seen, die in eiszeitlichen Mulden liegen, ist einfach grandios. Der Weiterweg nicht minder! Geradeaus geht es hinunter zum Höfersteig, der von der Planai kommend unterhalb des Höchstein bis zur Preintalerhütte führt – links folgen wir der Markierung des nunmehr hochalpinen Steiges über Schutt und Rasen zum Felskamm der Niederen Wildspitze mit großartiger Aussicht. Ich war eines Morgens schon sehr zeitig auf diesem Felsriff hoch über dem Seewigtal und der Blick nach Osten begeisterte mich: Über dem Dunst der Täler staffelten sich die grün-blauen Bergkämme bis an den Horizont. Die „steinernen Tauernwellen" – sie haben mich eigentlich mehr beeindruckt als die Aussicht vom Gipfel. Fast unnahbar wirkt der Nordwestgrat der Hochwildstelle, aber sobald man die Seewigscharte – hier muss man kurz über eine ausgesetzte Felsstufe mit „Tiefblick" absteigen – passiert hat, ist die größte Schwierigkeit bereits überwunden und man steigt in vielen Kehren über Geröll, Schuttbänder und plattige Stufen rechts vom Grat zum Gipfel hinauf.

Morgenlicht am Hüttensee / Hans Wödl Hütte und Grimming

Und jetzt zum Gipfelpanorama: Im Frühsommer zeigt sich die Gipfelparade besonders schön, denn dann zieren noch weiße Schneefelder die grünen Kare und schattigen Seemulden und schaffen so ein besonders kontrastreiches Bild. Da wären im Süden tief unten die beiden Sonntagskarseen, überragt vom riesigen Waldhorn und Kieseck – prachtvolle Aussichtsberge auch sie – und etwas westlicher erblickt man die eiszeitliche Seenplatte des Klafferkessels, der von der Hochgolling Nordwand überragt wird, dahinter sind der Ankogel, der Glockner und die Hochalmspitze erkennbar, natürlich nur bei klarer Sicht. Hochkönig, Dachstein und Grimming verzieren mit ihren Spitzen im Norden den Horizont und auch die bleichen Berge des Toten Gebirges sind erkennbar. Hier heroben wird der Kontrast der beiden Gebirgsgruppen – Kalk- und Urgestein – besonders deutlich sichtbar. Nur durch das Ennstal getrennt stehen sich die steirischen Bergriesen wie Dachstein, Ramsauer Gebirge und Grimming als weiße Berge den grünen und dunkel wirkenden Tauerngipfeln gegenüber. Hier Wasserreichtum mit unzähligen Bergseen – dort Karsthochflächen, Gletscher und Almen. Im August 2014 wurde zum Andenken an des Erzherzogs Gipfelsieg im Jahre 1814 ein Berggottesdienst am Gipfel der Hochwildstelle abgehalten. Trotz aller Gipfeleuphorie wird es Zeit an den Abstieg zu denken. Der luftige Südgrat lockt – leichte Kletterei (I+) im gut griffigen Fels. Man steigt am Gratrücken ab, übersteigt Felsstufen, umgeht Felstürme, überwindet eine plattige Wandstelle mithilfe von Eisenklammern und umrundet auf luftigem Band einen bulligen Felsturm. Wer trittsicher und schwindelfrei ist und gerne leichte Klettertouren unternimmt, wird diesen Abstieg schätzen, ansonsten ist er natürlich im Aufstieg etwas leichter, aber die Überschreitung, wie hier beschrieben, hat schon ihren Reiz. Vom Ende des Grates steigt man über Felsplatten und Blockwerk in die Wildlochscharte ab. Danach folgt eine weitere Steilstufe hinunter in die Trattenscharte, wo links der Weg zu den Goldlacken abzweigt. Diese kleine Seenplatte liegt auf einem von Eis blank gehobelten Felsplateau und dort führt der Abstieg über den Stierkarsee hinunter in das Sattental (auch eine Abstiegsvariante, falls man im Sattental ein Auto stehen hat). Wir aber wandern (Weg Nr. 702) nun im riesigen, weiten Trattenkar am Fuße von Hochwildstelle und Hohes Schareck durch das sogenannte Himmelreich. Der kleine See in der Mulde ist bis weit in den Sommer mit Eis und Schnee umgeben, wenn in der Umgebung längst die Alpenrosen blühen, und bietet nicht nur Erfrischung, sondern auch einen schönen Blick zu den Gipfeln von Waldhorn und Kieseck. Aber der Abstieg nimmt kein Ende, von einem Kar zum anderen, von ei-

Eisreste am Trattensee mit Waldhorn im Hintergrund

Die Hochwildstelle

Steirischer Bodensee mit Hochwildstelle

ner Geländestufe zur nächsten ...! Endlich wird dann doch die Preintalerhütte sichtbar. Diese Kare rund um die Preintalerhütte sind wie ein Amphitheater und all die Rinnsale bilden letztendlich die „Wilden Wasser", die in das Untertal münden. Kurz vor der Hütte wird noch der Bach gequert, der von den Sonntagskarseen kommt und dann steht einer Rast nichts mehr im Wege. Die Preintalerhütte ist ein wichtiger Stützpunkt: Hochwildstelle, Waldhorn, Klafferkessel, Greifenberg, Übergänge in das Seewigtal, Sölktal, Schwarzensee ... um nur einige der vielen Touren zu nennen. Wer hier nicht übernachten möchte, was diese Tour wesentlich erleichtert, hat noch zwei Stunden Gehzeit vor sich und steigt am Weg Nr. 777 ab Richtung Kotalm und Riesachsee. Am Seeufer geht es eben entlang, vorbei an einigen Jausenstationen, bis zur gemütlichen Gföller Alm. Ein letzter Abstieg wartet: Nach diesem Tag ist wahrscheinlich der gemütlichere Forstweg dem Abstieg über die „Höll" vorzuziehen. Jedenfalls enden beide Wegvarianten am Fuße des Riesach-Wasserfalles beim Gasthaus Riesachfall. Einkehren und rasten!
Rückweg nach Schladming: sich abholen lassen oder Wanderbus (auf die Abfahrtszeit des letzten Busses achten). Zum Auto am Bodensee-Parkplatz: privat fahren oder Taxi.

Abstiegsvariante:
Wem der Südgrat zu luftig oder zu schwierig erscheint, steigt wieder am Nordwestgrat ab zur Scharte und geht über den Felsrücken der Niederen Wildstelle zur Neualmscharte. Anstatt über die drei Seen zurückzugehen, kann man sich auch nach Süden wenden und am Weg Nr. 782 durch das gerällige Kar zum Höfer Steig absteigen und auf diesem zur Preintalerhütte wandern. Eine weitere Möglichkeit ergibt sich beim Wegkreuz am Höfer Steig. Links geht es zur Preintalerhütte, rechts zieht der Steig über schöne Almböden zur sanften Kuppe der Neualm, hoch oberhalb des Riesachsees. Es ist ein eher einsames Gebiet und der Abstieg führt von der Hochalm in vielen Kehren in den Wald bis zur Brandalm. Steil geht es dann im Hochwald, oft ganz in der Nähe des gischtenden Baches, hinunter zu den Wiesen bei der Kerschbaumalm. Hier trifft man auf den Hauptweg von und zur Preintalerhütte und wandert eben weiter zum Riesachsee und zur Gfölleralm. Nach diesem langen Weg ist wahrscheinlich der sanftere Abstieg am Forstweg hinunter zum Parkplatz beim Gasthof Riesachfall die beste Option. Fazit: anstrengend, aber lohnend. Wanderbus Fahrzeiten beachten!

■ **Ausgangs- und Endpunkt:**
Haus im Ennstal, Mautstraße ab Ruperting zum P im Seewigtal, 1143 m
Endpunkt: Preintalerhütte oder P Riesachfall/Seeleiten im Untertal – Wanderbuslinie, 1079 m

■ **Gipfel:**
Hochwildstelle, 2747 m,
UTM N 5243025, 33 411665

■ **Höhenunterschied:**
1600 m Auf- und Abstieg über Hans Wödl Hütte
1090 m im Abstieg bis zur Preintalerhütte, 1670 Höhenmeter im Abstieg bis P beim GH Riesachfall im Untertal

■ **Gehzeit gesamt:**
Überschreitung Südgrat–Preintalerhütte–P Riesachfall/Seeleiten ca. 9–10 Std.

Die Hochwildstelle

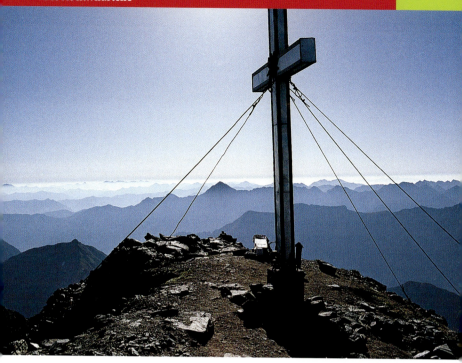

Hoch über den Tauernkämmen auf der Hochwildstelle

Aufstieg über H. Wödl Hütte zum Gipfel ca. 5 bis 5 ½ Std., Abstieg 4 bis 4 ½ Std.
Abstieg zur Preintalerhütte 3 bis 3 ½ Std., Preintalerhütte–P Riesachfall/Seeleiten 2 bis 2 ½ Std.
Abstieg Gipfel bis Neualmscharte 1 ¼ Std., Neualmscharte–Neualm–P Riesachfall/Seeleiten 3 Std.

Stützpunkte:
Seewigtal-Stüberl beim P Seewigtal, GH Forellenhof am Bodensee
Hans Wödl Hütte am Hüttensee, 1528 m, UTM N 5245940, 33 410670
Preintalerhütte, 1657 m,
UTM N 5240630, 33 410315,
Tel. +43 664 1448881
Div. Jausenstationen im Bereich des Riesachsees, GH Riesachfall im Untertal

■ **Schwierigkeit:**
Lange Bergtour im Schwierigkeitsgrad I+, wenn über den Südgrat auf- oder abgestiegen wird. Ansonsten Trittsicherheit und Schwindelfreiheit! Speziell die Seewigscharte zwischen Niederer und Hoher Wildstelle ist ausgesetzt – kurze Kletterstelle!

■ **ÖK-Nummer/Titel:**
Österreichische Karte des Bundesamtes für Eich- und Vermessungswesen Nr. 127

■ **Tipp:**
Wer am Vorabend schon zur Hans Wödl Hütte aufsteigt, hat nicht nur einen romantischen Schlafplatz mit Wasserfallrauschen, sondern spart die Anfahrt und gut 1 ¼ Std. Gehzeit am nächsten Morgen. Ähnlich ist die Situation bei einer Übernachtung in der Preintalerhütte.

Der Greifenberg

Gollinghütte–Greifenberg–Klafferkessel–Preintalerhütte

Eines der interessantesten Wanderziele in den Schladminger Tauern ist sicher der Klafferkessel. Mehr als 30 größere und kleinere Bergseen füllen eine vom Gletscher modellierte Landschaft die einer Felsschale gleicht, wo auf unterschiedlichen Höhenebenen die Seen liegen. Eigentlich eine arktisch anmutende Gebirgslandschaft, wo bis spät in den Sommer noch Eis- und Schneereste die Seeufer zieren. Eingerahmt wird dieses Seengebiet vom Greifenberg und dem markanten Greifenstein, der wie ein Wächter über einen der vielen Seen und den schmalen Pfad aufragt, sowie vom grünen Zackengrat des Waldhorns. Diese Bergtour ist lang und weist auch große Höhenunterschiede auf, aber die eigenartige Landschaft übt einen besonderen Zauber aus und ist es allemal wert, erlebt zu werden. Zwei Schutzhütten erleichtern diese Tour: Da wäre die Gollinghütte im engen Steinriesental einerseits und die Preintalerhütte im Bereich der riesigen Kare von Hochwildstelle und Waldhorn andererseits. Die „Wilden Wasser" sind ein Projekt der Gemeinde Rohrmoos und der Region Schladming-Dachstein – der Weg von Schladming durch die Talbachklamm und durch das Untertal zum Riesach-Wasserfall und weiter zu den Quellen im Bereich der Preintalerhütte wurde vom Magazin „National Geographic" ausgezeichnet. Die Wasser aus dem Himmelreich am Fuße der Hochwildstelle, der Bach aus den Sonntagskarseen und aus dem Klafferkessel, kommen im Karboden bei der Preintalerhütte zusammen und bilden den Riesachbach, der durch den Riesachsee über den großen Riesachfall zu Tal stürzt und sich danach mit dem Steinriesenbach vereinigt. Dieser Untertalbach wird später noch vom Obertalbach zusätzlich gespeist und strömt gischtend und tosend durch die enge Talbachklamm nach Schladming und mündet dort in die Enns. Auf unserer Wanderung durch den Klafferkessel begleiten wir genau genommen diese wilden Wasser – oder umgekehrt: Die wilden Wasser sind unsere ständigen Begleiter auf dieser Bergtour. Bevor man diese Tour in Angriff nimmt, wäre auch eine Wanderung am Tage zuvor interessant

Der 70 m hohe Riesach-Wasserfall

Der Greifenberg

und spannend, indem man von Schladming aus durch die Talbachklamm und weiter, immer am Bach entlang, durch das Tetter Moor an der weißen Wand vorbei bis zum Riesach-Wasserfall wandert – was immerhin eine schöne Tagestour wäre. Aber dann könnte man nicht den Lauf der wilden Wasser von der Mündung in die Enns bis zu den vielen Quellen verfolgen – eine reizvolle Zwei-Tagestour auf den Spuren der wilden Wasser.

Wegbeschreibung:
Am großen Parkplatz am Fuße des Riesachfalles, beim Wanderausgangspunkt Seeleiten, beginnt die Runde durch den Klafferkessel. Ob man diese Bergwanderung über die Golling- oder Preintalerhütte beginnt, ist Ansichtssache: Mein Vorschlag ist, bei der Gollinghütte zu beginnen, weil der Aufstieg zum Greifenberg dann meist noch im Schatten liegt, so man früh genug unterwegs ist, was ich unbedingt empfehle. Außerdem hat man beim Abstieg vom Greifenberg den landschaftlich schönsten Teil, die eiszeitliche Seenplatte des Klafferkessels, immer vor und unter sich. Der Beginn ist eher gemütlich und ideal, um sich warm zu laufen. Der schöne Almweg Nr. 778 führt rechts am Bach entlang, dann über eine Geröllstufe und weiter in einen weiten Boden, immer in der Nähe des Steinriesenbaches. Im Hochwald geht es dann hinauf bis zur Waldgrenze im Bereich der Unteren Stegeralm und über eine Steilstufe zur Gollinghütte, ein wichtiger Stützpunkt am Schnittpunkt der schönsten Tagesetappen des Tauern Höhenweges und ideale Basis für eine Hochgolling-Besteigung. Wildbach und Wasserfälle sind allgegenwärtig. Zum Klafferkessel wenden wir uns nach links, folgen der Markierung Nr. 702 über den Bach und steigen nun stetig bergauf Richtung Norden. Dazwischen sind immer wieder Steilstufen zu überwinden, dann dreht der Weg nach Süden und führt etwas gemütlicher den Hang hinauf. Mit jedem Höhenmeter gewinnt man natürlich auch an Aussicht und besonders der Blick in den Gollingwinkel ist eindrucksvoll. Der Rest hinauf zum Greifenbergsattel – immerhin 800 Höhenmeter – ist gleichmäßig steil und wer zeitig genug gestartet ist, wird über den Schatten am Vormittag sehr froh sein. Am Sattel selbst erwartet uns ein kleiner See, direkt an der abbrechenden Hangkante mit einem tollen Blick zur finsteren Golling Nordwand. Vor vielen Jahren war ich noch einmal am 31. Oktober spät am Vormittag zum „Klaffer" aufgebrochen und hier, am Sattel, erlebte ich eine wilde Stimmung mit dräuenden Wolken und einzelnen, durch die Wolken brechenden Sonnenstrahlen, die den Gipfelgrat des Hochgolling für einen Moment beleuchteten. Der Rest der damaligen Wanderung ist kurz erzählt: Es war eigent-

lich eine einzige Hetzjagd gegen die Dunkelheit (zu später Aufbruch und kurzer Spätherbsttag!), trotzdem nahm ich mir am Gipfel die Zeit, um das „Brockengespenst" im Klaffer zu fotografieren. Brockengespenst nennt man im Volksmund ein Halo, das dann sichtbar wird, wenn eine tiefstehende Sonne den Schatten, zum Beispiel den des Fotografierenden, auf den Nebel wirft und einen regenbogenfarbenen Kreis bildet – was man nicht allzu oft erlebt. Die Stimmung war eigenartig: Nebelfetzen über den dunklen Seen, ockerfarbene Gräser und dunkelgraue Felsen, dazu die tiefe Sonne … die Seen waren mit dünnem Spiegeleis bedeckt. Der Abstieg über die Preintalerhütte bis zum Riesachsee erfolgte im Laufschritt und trotzdem war es bei der Gfölleralm schon stockfinster. Der Abstieg entlang des Wasserfalles – den Forstweg gab es damals noch nicht – war abenteuerlich, denn ich hatte keine Lampe mit. Nicht zur Nachahmung empfohlen! Trotzdem – es ist alles gut ausgegangen und ich war um eine Erfahrung reicher …!

Der letzte Anstieg vom Sattel zum Greifenberg-Gipfel ist gut einzusehen und führt an der linken Schulter, schon sehr aussichtsreich, die letzten 150 Höhenmeter zum Gipfel. Was für eine Aussicht!

Man betritt den Gipfel und kann erstmals den Klafferkessel im Nordosten überblicken. Gut 300 Höhenmeter tiefer erstreckt sich eine sanft kupierte, grün-graue Felsschale in der auf verschiedenen Niveaus bis zu 30 Seen eingebettet sind. Weiße Schneereste sind selbst im Hochsommer in dieser Höhe von 2300 m keine Seltenheit und verstärken den Eindruck einer nordischen Landschaft. Dieser Kessel wird außerdem von einer stattlichen Anzahl interessanter Bergriesen eingefasst. Zur Rechten das dunkle Waldhorn mit seinem bizarren Zackengrat, daneben die massige Hochwildstelle mit den riesigen Karen und dahinter am Horizont die weißen Gipfel des Toten Gebirges. Das ist der erste Eindruck am Gipfel – dann erst hat man Zeit, um sich mit dem „Rest" des Panoramas auseinanderzusetzen. Im Westen, fast zum Greifen nahe, ragt die düstere Hochgolling-Nordwand auf, aber dahinter reihen sich vergletscherte, weiße Gipfel an Gipfel – die Hohen Tauern. Hell, schroff, unverkennbar mit seinen klaren Konturen zieht der Dachstein den Blick auf sich. Selten wo hat man so einen unmittelbaren Eindruck der gegensätzlichen Gebirgsmassive vor sich wie hier am Greifenberg. Der grüne, wasserreiche Kessel im Umfeld der dunkelgrauen Tauernberge und gegenüber die hellen Bergriesen der Nördlichen Kalkalpen wie Dachstein, Kammspitze und Grimming. Dieser Gipfel begeistert mich immer wieder – auch Hans Wödl, „der" Tauernentdecker, hat vom Klafferkessel als ein „Schaustück" in seinem Führer geschrieben und dort auch Prof. Dr. Roman Lucerna aus

Die weißen Gipfel

Brünn zu Wort kommen lassen: „Der Klafferkessel, dieses Unikum der Tauern und Alpen, steht dort, wo wir gewöhnlich nicht einen Kessel, sondern einen Gipfel suchen, über den Karen der Tiefe, auf stolzer Bergeshöhe. Emporgehalten wie eine Felsschale in den Himmel, der sich in seinen Seeaugen spiegelt ..." Beim Abstieg vom Greifenberg in den Klafferkessel erwartet uns eine kurze, versicherte Passage; dort sollte man sich noch einmal Zeit nehmen zum Schauen. Der weitere Abstieg führt uns immer näher zu Buckeln, Karen und Moränenwällen, die die vielen Seen umschließen und von der Kraft des Eises zeugen. Der Weg durch den Kessel ist reizvoll; je nach Jahreszeit sind die Seen noch von Eis und Schnee umschlossen. Der Weg selbst führt nahezu eben an den Seen vorbei und bietet dabei immer wieder

■ **Ausgangs- und Endpunkt:**
Von Schladming Rohrmoos in das Untertal bis zum P – Riesachfall/Seeleiten. Wanderbus

■ **Gipfel:**
Greifenberg, 2618 m, UTM N 5238000, 408425

■ **Höhenunterschied:**
1539 m im Auf- und Abstieg

■ **Gehzeit gesamt:**
9–10 Std., Seeleiten–Gollinghütte 2 bis 2 ½ Std., Gollinghütte–Greifenberg 3 Std.
Greifenberg–Preintalerhütte 2 ½ Std., Preintalerhütte–P Seeleiten 2 Std.

■ **Stützpunkte:**
Gollinghütte, 1641 m, UTM N 5237720, 33 406945, Tel.+43 676 5336288
Preintalerhütte, 1657 m,
UTM N 5240630, 33 410315, Tel. +43 664 1448881
Einkehren: GH Riesachfall, Gföller Alm, Jausenstationen am Riesachsee

■ **Schwierigkeit:**
Rot – mittelschwere, aber lange Bergtour; mit einer Nächtigung in einer der beiden Schutzhütten leichter machbar

■ **ÖK-Nummer/Titel:**
Österreichische Karte des Bundesamtes für Eich- und Vermessungswesen Nr. 127

■ **Tipp:**
Sich für diese Tour Zeit nehmen und den Zauber der wilden Wasser genießen – auf das Wetter achten. Übernachtung einplanen.

überraschende Ausblicke zum Dachstein. Bei dem markant oberhalb eines Sees aufragenden Felsturm, dem Greifenstein, verlässt man diesen eigenwilligen, alpinen Raum und wandert ab der Unteren Klafferscharte über mehrere Hangstufen durch das Innere- und Äußere Lämmerkar hinunter zur Preintalerhütte. Auch dabei sind immerhin 1000 Höhenmeter vom Gipfel bis zur Hütte bergab zu bewältigen, keine Kleinigkeit, wenngleich dieser Abstieg doch abwechslungsreich in drei Teilbereiche gegliedert ist, inklusive des „Genussweges" durch den eigentlichen Kessel. Die Preintalerhütte liegt ideal und ihre Wertigkeit als Schutzhütte wird durch die Namensgleichheit mit den Hausherrn der Schladminger Tauern, „den Preintalern", untermalt. Rasten oder/und übernachten? Schwierige Entscheidung! Falls man Zeit hat – ein Blick in die Wanderkarte zeigt die vielen Möglichkeiten im Umfeld der Hütte: zum Beispiel die Sonntagskarseen und das Kieseck, das Waldhorn, der Höfer Weg zur Planai und, und, und ... Wer aber die Runde vollenden möchte: Der Weg folgt von der Hütte den wild rauschenden Bach hinunter bis zur Kotalm, dann geht es eher gemütlich mit wenig Höhenunterschied durch Waldinseln und über weite Almböden bis zum grünen Riesachsee, an dessen Ufer entlang bis zur etwas höher gelegenen urigen Gföller Alm. Ein Blick zurück zum See und den umliegenden Bergen – dann folgt der letzte Abstieg dieses langen Wandertages. Gemäß dem Motto „Wilde Wasser" lassen wir den bequemeren Forstweg rechts liegen und nehmen den Abstieg durch die Höll. Das ist das Herzstück der „Wilden Wasser". Noch vor wenigen Jahren war dieser Bereich unzugängliches Gebiet – jetzt führt ein gut gemachter Weg über lange und steile Leitern hinunter zum Wildbach und folgt dessen Lauf auf Stegen, über Stufen und Brücken bis zur schmalen Hängebrücke, die 40 m lang in luftiger Höhe den Bach überspannt. Es folgen weitere, steile Stufen hinunter zur Brücke über den Wasserfall, der mit 70 m Fallhöhe zu den höchsten der Steiermark zählt. Mehrere schön gestaltete Aussichtspunkte entlang des Riesach-Wasserfalls vermitteln die Kraft und Energie dieses wilden Wassers und lenken ein wenig von den wahrscheinlich schon schmerzenden Knien ab – aber so erlebt man den Lauf der Wasser hautnah; von den Seen des Klafferkessels über Wasserfälle bis zum ruhig mäandernden Bach, der in den Riesachsee mündet und diesen Richtung Höll verlässt, um gischtend und stürzend das Untertal zu erreichen. Riesachbach und Steinriesenbach vereinigen sich hier und fließen als Untertalbach Richtung Schladming. Und auch für uns endet diese lange Bergtour am Fuße des Wasserfalls beim Gasthof Riesachfall, gleich daneben ist der Parkplatz und die Bushaltestelle – höchste Zeit, um die Beine zu entlasten.

Der Hochgolling
Der Höchste der Niederen Tauern

Er überragt die Hochwildstelle noch um 115 Höhenmeter und wurde in früheren Zeiten der „Kahle" oder der „Dunkle" genannt – seine über 1200 m abbrechende Nordwand ist von gewaltiger Ausdehnung und präsentiert sich vom Talschluss, vom Gollingwinkel aus gesehen, besonders eindrucksvoll. Die Wand, die zunächst beinahe schwarz erscheint, weist bei genauerer Betrachtung aber doch auch andere Farben auf: weiße Schneereste und grüner Flaum oberhalb der rostroten Felsabstürze, über den die Schleier der Schmelzwasser verwehen. Erzherzog Johann von Österreich hat die Route über das Steinriesental zur Gollingscharte und Gipfel am 28. August 1817 eröffnet – dieser Zustieg wird auch heute noch der „Historische" genannt. Der „Golling" hat natürlich wie so viele andere „Höchste" eine besondere Anziehungskraft – nicht zu unrecht –, denn die Aussicht vom Golling ist wirklich beeindruckend. Mich hat der Anblick an einem düsteren Spätherbsttag vom Greifenbergsattel aus so fasziniert, dass ich mir vorgenommen habe, den Hochgolling vor Sonnenaufgang zu erreichen, um das Schauspiel des Tagwerdens oben zu erleben. Dass ich dazu drei Anläufe brauchen würde, wusste ich damals natürlich noch nicht und so gesehen habe ich mit diesem Berg auch eine ganz besondere Beziehung. Schöne Erlebnisse auf unterschiedlichste Art und Weise, bei Tag und Nacht, bei Vollmond und Nebel ...

Wegbeschreibung:
Fast am Ende des Untertales, beim Riesach-Wasserfall, Wanderausgangspunkt Seeleiten, ist der Beginn für die Hochgolling-Besteigung. Der Almweg zur Gollinghütte führt zunächst ganz gemütlich am Steinriesenbach entlang über eine weite Wiese mit einem schönen Bergahorn, dann folgt eine kurze Steilstufe über Blockgestein. Durch den schönen Labererboden geht es eben weiter – man sieht erstmals zum Gipfel – bis zu einer Talenge, die sich kurze Zeit später zum weiten Talkessel der Eiblalm weitet. Im Bergwald steigt man weiter auf bis an die Waldgrenze an der Unteren Stegeralm, wo der Forstweg endet und der Steig in Kehren am gischtenden Wasserfall entlang zur Gollinghütte führt. Diese „Aufwärm-Etappe" weist immerhin schon 600 Höhenmeter auf und beansprucht 2 bis 2 ½ Stunden Gehzeit.

Der Hochgolling

Vor Sonnenaufgang am Hochgolling – Blick über die Niederen zu den Hohen Tauern

Aber auf den Gipfel fehlen immerhin noch stolze 1200 Höhenmeter – deshalb wäre eine Übernachtung in der Hütte keine schlechte Entscheidung, mit dem Vorteil, früh aufbrechen zu können. (Ich bin des Öfteren mit dem Mountainbike bis zur Unteren Stegeralm gefahren und habe es dort deponiert – man freut sich sehr über das Bike beim Abstieg!) Diesmal geht es nicht links zum Klafferkessel, sondern wir folgen dem Bach geradeaus, leicht ansteigend bis in den Talschluss zum grünen, fußballfeldgroßen Gollingwinkel am Fuße der Golling-Nordwand. Gegenüber, am Wandfuße, finden sich die nächsten Markierungen, die zum Steig weisen, der nun im Zickzack, steil über Geröll, Felsstufen und durch Schrofenrinnen am Rande der Nordwand bis zur Gollingscharte führt. Fast 700 Höhenmeter weist dieser Anstieg auf und so ist die Scharte sicher kein schlechter Rastplatz, noch dazu, wo man erstmals auch den Ausblick nach Süden hat. Von der Scharte aus hält man sich zunächst links und folgt dem Steig Nr. 778 aufwärts, denn geht es über Platten auf die Westseite, über eine Felsschulter und in vielen Kehren einen Rücken hinauf. Man gewinnt bei einem längeren Quergang rasch an Höhe und die Aussicht nach Süden und Westen lenkt ein wenig von den Aufstiegsmühen ab. Vielfältige Geländeformen prägen diesen Teil des Anstiegs: Geröll, erdige Stufen, felsige Absätze, steile Felsplatten, Blockwerk – aber der Steig ist gut markiert und bei der Abzweigung zum Nordwestgrat (leichte

Die weißen Gipfel

Dunkle Tauern (Elendberg) – heller Dachstein und Bischofsmütze

Kletterei I, ausgesetzt) geht es rechts weiter, ein paar Eisenklammern sind hilfreich und zuletzt steigt man steil hinauf zum Grat. Das kurze zum Gipfel führende Gratstück ist gut begehbar, fällt aber zu beiden Seiten steil ab und bietet gewaltige Tiefblicke. Jetzt sucht man sich einen Rastplatz, packt die Jause aus und lässt die Gipfelschau auf sich wirken. Das erste Mal auf diesem Gipfel war ich gut eine knappe Stunde zu spät für den Sonnenaufgang – das tut weh! Aber der Anstieg von der Scharte zum Gipfel in der Dämmerung, mit dem Blick auf das violett wirkende Nebelmeer im Süden, war so schön, dass ich alles andere vergaß. Und auch die meisten Berge im Umfeld und das Ennstal lagen noch lange unter einer weißen Nebeldecke, nur der dunkle, von einigen Schneeresten aufgehellte Elendberg und die weißen Gipfel der Dachsteingruppe und Bischofsmütze waren sichtbar. Rund 1000 m tiefer verdeckte der Nebel die vertraute Landschaft und half somit bei der Vorstellung, wie diese Landschaft zur Zeit der Vergletscherung ausgesehen haben könnte. Hans Wödl hat in seinem Tauernführer aus dem Jahre 1924 geschrieben: „In der näheren Umgebung findet sich nur der Einheimische zurecht. Am Auffälligsten sind im Westen Mosermandl, im Norden der Elendberg, im Nordosten der Höchstein-Wildstellen Zug und das Waldhorn, im Süden das Kasereck. Dachstein, Glockner und Triglav bilden die Glanzpunkte."

Was mir an diesem Panorama so gefällt, ist diese weite Sicht nach Süden bis zu den Karawanken und den Julischen Alpen, aber auch der Gegensatz der Niederen Tauern im Osten, die mit ihren dunklen Kämmen zu den höchsten, eisfreien Alpengruppen Österreichs zählen und der vergletscherten Höhen im Westen, die bis an den Horizont reichen. Natürlich ist klare Sicht am Gipfel der Wunsch aller Bergsteiger. Nicht immer aber klappt es – dabei sind die schon sehr genauen Wettervorschauen absolut hilfreich und sollten fixer Bestandteil jeder Tourenplanung sein. Aber die kleinregionalen Wetterauswirkungen können trotzdem immer für Überraschungen sorgen. So stand ich zwar rechtzeitig auf, bei meinem zweiten Versuch den Sonnenaufgang am Hochgolling-Gipfel zu erleben, aber … der Gipfel war zwar frei, eine Wolken- und Nebelmauer verbarg jedoch sämtliche Berge und auch die Sonne! Ein einziges Bild ist bei dieser Tour entstanden, eine zart rosa Nebelwolke …! Beim dritten Anlauf war dann alles perfekt: um 1 Uhr Nachts in der Ramsau aufgebrochen, mit dem Bike bis unter die Gollinghütte gefahren, dann aufgestiegen und rechtzeitig, das heißt eine halbe Stunde vor Sonnenaufgang am Gipfel angelangt. Zeit genug, um diese einzigartige Stimmung zu erleben und zu fotografieren. Im Osten gelbroter Himmel vor violetten Bergkämmen, im Westen rosarot angehauchte, vergletscherte Gipfel und im Vordergrund das von den ersten Sonnenstrahlen goldgelb gefärbte Steinmandl. Goldenes Licht auch am Elendberg und auf den Dachstein-Gipfeln.

Man steht da oben am Gipfel und weiß gar nicht, wohin man zuerst schauen soll, denn es geht sehr schnell, wenn die Sonne einmal über den Horizont kommt und diese „goldenen" Minuten sind bald vorbei – aber unvergesslich. Aus der dunklen Tiefe ist dann noch ein weiterer Golling-Geher aufgestiegen und hat im Größenvergleich erst die gewaltige Dimension dieses Berges aufgezeigt. Außerdem war er ziemlich überrascht, um diese Zeit schon jemanden am Gipfel vorzufinden. Jedenfalls ist es ausgesprochen lustig, beim Abstieg den eigentlich ebenfalls sehr früh Aufsteigenden zu begegnen und deren Überraschung zu sehen! Vom Gipfel zurück zur Scharte ist Vorsicht geboten, denn oft ist die Erde im Schatten feucht und rutschig. Ein ruhiger, überlegter Schritt ist bei so langen und hohen Abstiegen unverzichtbar; genau schauen, sich nicht ablenken lassen, besser ist es, stehenzubleiben, wenn man die Aussicht bewundern möchte – hinüber zum Greifenbergsattel und Klafferkessel, zum Beispiel. Vom Gollingwinkel ist es dann nicht mehr weit bis zur Hütte – aber Achtung, man sollte auch den Weg von der Hütte zum Ausgangspunkt nicht unterschätzen! Mir hat einmal nach einer gemütlichen Hüttenrast das Bier ordentlich zu schaffen gemacht und ist mir in die ohnehin schon weichen Knie gefahren ... auch der letzte Bus wartet nicht.

Fazit: Ein außerordentlicher Gipfel mit 1800 Höhenmeter Unterschied braucht seine Zeit und ist als Tagestour sehr lang – mit einer Hüttenübernachtung um vieles angenehmer.

- **Ausgangs- und Endpunkt:**
  Rohrmoos, Untertal: P beim Riesach-Wasserfall, Seeleiten. Wanderbus Endstation.

- **Gipfel:**
  Hochgolling, 2862 m, UTM N 5235500, 33 406230

- **Höhenunterschied:**
  1790 Höhenmeter im Auf- und Abstieg
  Seeleiten–Gollinghütte 520 Hm,
  Gollinghütte–Gollingscharte 685 Hm,
  Scharte–Gipfel 536 Hm

- **Gehzeit gesamt:**
  Ca. 10 bis 11 Std.
  Aufstieg 5 ½ bis 6 Std., ab Gollinghütte ca. 3 ½ bis 4 Std.

- **Stützpunkt:**
  Gollinghütte, 1641 m, UTM N 5237725, 33 406945, Übernachtungsmöglichkeit
  Tel. +43 676 5336288,
  info@gollinghuette.com,
  www.gollinghuette.com

- **Schwierigkeit:**
  Lange Bergtour, Schwierigkeit I am „Historischen Weg"-Normalweg. An Felsstufen helfen Eisenbügel. Die Variante über den Nordwestgrat weist stellenweise Schwierigkeitsgrad 2 auf. Besondere Vorsicht bei den Altschneeresten.

- **ÖK-Nummer/Titel:**
  Österreichische Karte des Bundesamtes für Eich- und Vermessungswesen Nr. 127

Der Hochgolling

Hochgolling-Aussicht zur Tauernkönigin – Hochalmspitze

Besonderer Kultur- und Ausflugstipp:
Die Blütezeit der Bergbau Vergangenheit von Schladming geht auf die Jahre zwischen 1300 und 1500 zurück, wo der Abbau von Silber-, Kupfer- und Bleierze Garant für einen wirtschaftlichen Aufschwung war. Hauptabbaugebiet war das Obertal. Die Knappen mussten, um zu ihren Arbeitsplätzen zu gelangen, „Tagesmärsche" in Kauf nehmen, waren aber, gemessen an den Arbeitsbedingungen anderer Berufsstände, „Herren". Spezialisten, die in unnatürlicher Haltung in engen Stollen hoch oben arbeiten mussten, oft kniend – siehe auch die Darstellung im Schladminger Stadtwappen – und fast immer in Gefahr: Felsstürze, gefährliche Gase und auch Lawinen. Das Stadtmuseum zeigt eine große Auswahl an Fundstücken aus den Revieren und legt Wert auf die Darstellung von geologischen und mineralogischen Materialien im Zusammenhang mit der Arbeit der Knappen und der Schladminger Sozial- und Wirtschaftsgeschichte. So gehen aus dem Schladminger Bergbrief von 1408 die damals üblichen bergmännischen Rechts- und Verfahrensnormen hervor. Interessant in diesem Sinne ist der alte Schmelzofen im Obertal, bei der „Hopfriesen", der als attraktives, kleines Schaustück modern adaptiert wurde und in Kombination mit dem Stadtmuseum gute Einblicke in die Bergbaugeschichte ermöglicht.

Der Höchstein

Formschöne Pyramide über dem Ennstal

Markant und elegant präsentiert der Höchstein seine Nordwand dem Ennstal. Etwas abgesetzt, wie um dem Höchstein den ihm gebührenden Raum zu lassen, setzt sich eine Gipfelreihe nach Westen zu fort, die von Norden aus gesehen dem Profil eines Römerkopfes ähnelt. Ein sehr vertrauter Anblick, den ich täglich von unserem Balkon in der Ramsau aus genieße und in den unterschiedlichsten Stimmungen beobachten kann: Blütenweiß nach starkem Schneesturm, rosarot im Abendlicht, drohend grau bei Aufziehen eines Gewitters ... und außerdem ist von mir aus gesehen der Ostgrat des Höchstein, zwischen Weihnachten und Neujahr, der Wendepunkt der Wintersonne. Genau am Grat entlang geht die Sonne auf – sie hat ihren westlichsten Punkt erreicht und wenn zu diesem Zeitpunkt die „Gwahn" gehen (wenn Gipfelwinde den Schnee aufstieben lassen), so ergibt das einen fantastischen Anblick. Und erreichbar ist dieser Berg von allen Seiten: Der wahrscheinlich beliebteste Anstieg beginnt bei der Krummholzhütte am Hauser Kaibling und ist mit der Tauernseilbahn erreichbar. Der Zustieg führt durch zwei großartige Kare zur Südseite und im Bereich des Westgrates steil zum höchsten Punkt. Aus dem Gumpental führt ein schöner Anstieg über den reizenden Moaralmsee zur Filzscharte und über den Ostgrat zum Gipfel. Eine schöne Route führt vom Steirischen Bodensee am Wasserfall entlang zur Hans Wödl Hütte und von dort zur Filzscharte und weiter zum Gipfel. Und konditionsstarke Berggeher beginnen auf der Planai und folgen dem Planai-Höhenweg bis oberhalb der Kaltenbach Alm und steigen dann über die Südseite hinauf zum Südwestgrat. Ähnlich ist auch der Zustieg von der Preintalerhütte – lang, aussichtsreich und steil. Bei so vielen Möglichkeiten wird klar, wie beliebt dieser Tauerngipfel ist und da das Wanderbussystem in der Region gut ausgebaut ist, sind reizvolle Überschreitungen und auch Rundtouren möglich. Dabei sind die Schutzhütten als Stützpunkte sehr hilfreich, auch was den frühen Aufbruch betrifft: die Schladminger Hütte auf der Planai und die Krummholzhütte am Hauser Kaibling liegen beide schon auf 1800 m, die Preintalerhütte auf über 1600 m und die Hans Wödl Hütte immerhin auf 1500 m Seehöhe. Trittsicherheit ist wie bei den meisten Tauerngipfeln notwendig – ein schöner Gipfel für geübte Berggeher.

Der Höchstein

Gipfelrast am Höchstein mit Dachsteinblick

Wegbeschreibung:
Die Tauernseilbahn verbindet Haus im Ennstal mit der herrlich gelegenen Krummholzhütte. Man wandert am großen Sendemast vorbei am Kamm Richtung Kaibling-Gipfel bis zum Wegkreuz, wo der Weg (Nr. 44) rechts (S) abzweigt und man durch Latschen und Almwiesen unterhalb des Kaibling zum Rossfeldsattel wandert. Im Frühsommer blüht im Kessel rund um die Kaiblingalmhütte der Almrausch und vom Steig Nr. 780, der zu einem Scharterl hinaufführt, sieht man besonders schön den Dachstein. Über dem Kaiblingloch, wo die neue Sesselbahn (Winterbetrieb) herrliche Hänge erschließt, quert man die Almböden im Kar unterhalb der Bärfallspitze und steigt über einige Aufschwünge hinauf zum Seeschartl. Schöner Tiefblick zum Moaralmsee. Steinig geht es weiter; unterhalb von Karl- und Moaralmspitze zieht der Steig in Kehren zur Kaiblinglochscharte hinauf. Dort öffnet sich eigentlich unerwartet noch ein wildes Kar, mit einem grandiosen Blick zur Höchstein-Nordwand und zum spitzen Turm des Zwiesling. Das folgende Wegstück führt östlich durch den leicht kupierten Karboden an einem Seelein vorbei und dann in einem Bogen von links nach rechts, nun bereits am Hang des Höchsteins, steil zur Scharte. Etwas beschwerlich geht es durch den Schutt und das viele Geröll, teilweise gesichert, bis kurz unter die Scharte, dort wendet sich der

Steig nach links und über ein paar Felsbänder erreicht man oberhalb der Zwieslingloch-Scharte den Grat. Ausrasten – und den Ausblick zur Hochwildstelle, zu Waldhorn und Hochgolling genießen. Nun führt uns das Steiglein hinein in die Südflanke des Höchstein oberhalb des Kaltenbachsees Richtung Kaltenbach-Schulter und wendet sich kurz davor wieder nach links Richtung Südwestgrat. Über schrofiges Gelände steigt man etwas ausgesetzt über felsige Stufen (Eisenstifte) und durch eine Verschneidung zum Grat, auf diesem dann kurz, aber steil zum Gipfel. Aufgrund seiner vorgeschobenen Lage zum Ennstal besticht das Panorama vom Höchstein mit dem freien Blick über das Tal zu den Graten, Wandfluchten und Gipfeln der Dachsteingruppe. Weiße Berge – im wahrsten Sinne des Wortes. Den Kontrast zwischen hellen und dunklen Bergen haben wir auf diesem Gipfel direkt im Blickfeld, denn links vom hellen Dachstein reicht die Phalanx der mächtigen und vergletscherten Gipfel der Hohen Tauern bis zu den dunklen, von Seen umkränzten Urgesteinsbergen im nahen Umfeld, wie Hochgolling, Greifenberg, Waldhorn und Hochwildstelle. Es braucht Zeit, sich in dieser Gipfelwelt zurechtzufinden und die weißen Gipfeln, die sich vom Dachstein ostwärts auffädeln, zu erkennen – aber das macht den Reiz einer Rast am höchsten Punkt eines Berges aus: zur Ruhe kommen, jausnen und bei sicherem Wetter sich mit der Umgebung auseinandersetzen, bestimmen, suchen, entdecken oder einfach nur die Schönheit genießen.

Für den Rückweg gibt es mehrere Varianten. Entweder am selben Weg zurück – nicht vergessen, die letzte Gondel-Talfahrt ist um 17.00 Uhr! Es gibt aber auch die Möglichkeit für eine Runde: Abstieg am selben Weg bis zum Wegkreuz an der Kaltenbachschulter (¼ Std.), dort, wo auch der Steig rechts zum Kaiblingloch abzweigt, führt links der Steig 781 durch die Südflanke nach NO zum Grat etwas oberhalb der O. Filzscharte, wo auch der Abstieg vom Gipfel über den Nordostgrat (Klettern, oft erdig, abschüssige Platten) herunterkommt. Der weitere Abstieg umgeht rechts Felsblöcke und führt dann wieder zum Grat bei der U. Filzscharte zurück. Schöne Aussicht auf die kleinen Filzseen und den eigenwillig geformten Pfannsee in den grünen, sanften Mulden unter uns. Geradeaus zieht der Steig 782 steil hinunter zur Hans Wödl Hütte, links biegt der Steig 781 nach Norden ab und ist jetzt ungleich besser zu gehen als die steilen, oft erdigen, abschüssigen ostseitigen Hänge. Tief unten sieht man schon den Moaralmsee, zu dem der Steig, meist entlang am Westhang der Moderspitze, steil durch die grasigen Hänge hinunterführt. Dieser See ist ein kleines Juwel. Direkt am Nordabhang des Höchstein gelegen, ist er von grünen Hängen, mit eingelagerten Felsen und alten Zirben umgeben und sanfte Kuppen laden in diesem urigen Kessel zur Rast ein. Im Frühsommer blühen am Westhang die Alpenrosen in seltener Fülle und der Farbkontrast zum türkisen See ist eine Augenweide. 1 ½ Std. dauert der Rückweg zur Seilbahn – es gibt aber eine Möglichkeit vom See aus direkt in das Gumpental mit den netten Hütten abzusteigen (1 Std.) und sich dort abholen zu lassen oder eventuell mit dem Tälerbus (Auskunft: Tel. +43 3686 2234-0) zurückzufahren nach Hause. Beim Rückweg zur Seilbahn – letzte Fahrt gegen 17.00 Uhr – tickt halt immer die Uhr und am See fällt der Abschied oft schwer. Leider wartet jetzt noch ein weiterer Aufstieg: ein schmaler Steig (Nr. 45) führt meist nur leicht ansteigend durch das wasserreiche Gelände mit jungen Lärchen, Gebüsch und Schrofen an der Ostseite der Bärfallspitze bis hinauf zum Rossfeldsattel oberhalb der Kaiblingalm. Drei Wegvarianten gibt es von hier bis zur Krummholzütte: entweder leicht ansteigend über den Gipfel des Hauser Kaibling mit folgendem Abstieg, oder auf dem empfehlenswerten ebenen, sanften und aussichtsreichen Wiesensteig durch Latschengassen bis zur Seilbahn und Hütte. Die dritte Möglichkeit ist ab der Kaiblingalmhütte am breiten Forstweg leicht ansteigend zur Seilbahn. Und damit endet eine sehr lohnende und reizvolle Bergtour für geübte Berggeher. Die Aussicht vom Kaibling oder von der Krummholzhütte zum Dachsteimassiv und der Ramsau ist einzigartig – ebenso der Blick nach Osten mit Stoderzinken, Kammspitze, Grimming und Gesäuse.

Variante: Gerne möchte ich noch auf den Zustieg zum Höchstein ab der Planai hinweisen, denn der Höhenweg ist ausgesprochen reizvoll, wenn auch sehr lang. Ausgangspunkt ist der Planaigipfel oberhalb der Bergstation (auch eine Mautstraße führt hinauf für jene, die früher aufbrechen möchten). Man wandert geradewegs nach Süden über den Kamm bis zum Krahbergsattel am Weg Nr. 779 und steigt aus dem Sattel zur Waldgrenze an. In Kehren zieht der schrofige Steig hinauf bis zum großen Steinmandl und einem ehemaligen Stollenloch. Geradeaus geht es hinauf zum Gipfel des aussichtsreichen Krahbergzinken – der Schladminger Höhenweg zweigt rechts ab und führt als äußerst schmaler Pfad durch den steilen Südwestabhang des Krahbergzinken, ca. 1000 m oberhalb des Untertales. Trittsicherheit ist hier gefragt. An der Lärnachscharte sind ein paar Sicherungen angebracht – es geht über eine Felsbrücke hinüber zum Anstieg auf den Seerieszinken. Steil geht es im kurzen Zickzack über den grünen Rücken hinauf zur nächsten Höhe mit schönem Rundblick. Die folgenden Gipfel Rauhenberg und Sonntagerhöhe werden meist links liegen gelassen und der Steig führt unterhalb der Gipfel durch die riesigen Almflanken ostwärts. Unterhalb des nächsten Gipfels, des Rabenköpfls, steigt man hinab in die Tiefentalscharte und danach leider wieder bergauf zum Spielbühel. Das ganze Riesachtal, vom Riesachsee bis zur Preintalerhütte und ihren Hausbergen, ist während dieses Wegstückes bis zum nächsten Wegkreuz gut zu sehen. Dort zweigt der Steig 779A zum Höchstein ab. Unterhalb der Ulmspitze steigt man zum Plateau mit dem Kaltenbach See auf und rechts oberhalb des Sees am Rücken bis zum Wegkreuz bei der Kaltenbach Schulter. Von hier, wie bereits beim Aufstieg vom Kaibling aus bereits beschrieben, zum Gipfel. Rückweg: entweder zurück zum Kaibling/Krummholzhütte oder Hans Wödl Hütte. Es gibt aber noch eine Möglichkeit: vom Gipfel am Steig 781 steil über die Neualm zum Riesachsee und Riesachfall – Parkplatz Seeleiten absteigen oder bei bei der Neualm links, am Höfersteig, zur Preintalerhütte weitergehen. Das ist aber wirklich nur für „Konditionsbolzen" zu empfehlen. Damit jetzt keine Unklarheiten aufkommen: Bei so vielen Möglichkeiten ist natürlich das Studium einer guten Karte unumgänglich. Außerdem macht es Spaß, sich die Routen vorzustellen. Grundsätzlich hat der Höhenweg von der Planai

■ **Ausgangs- und Endpunkt:**
Haus im Ennstal – Auffahrt mit der Tauern Seilbahn zum Hauser Kaibling auf 1840 m
Variante: Planai – Auffahrt mit der Planai-Bahn oder Mautstraße ab Schladming

■ **Gipfel:**
Höchstein, 2543 m, UTM N 5244410, 33 408685

■ **Höhenunterschied:**
700 Höhenmeter im Auf- u. Abstieg,
Variante Moaralmsee: 800 m Auf- u. Abstieg inklusive Gegenanstieg.
Variante Planai: gut 800 Höhenmeter im Aufstieg

■ **Gehzeit gesamt:**
3 bis 3 ½ Std. Aufstieg, 2 ½ bis 3 Std. Abstieg.
Abstieg über Moaralmsee + Seilbahn: 3 bis 3 ½ Std.
Abstieg über Moaralmsee und Gumpental 3 Std. (Tälertaxi – Info: TV Haus i.E.)

Variante Höchstein über Planai: 4 bis 5 Std. zum Gipfel.

■ **Stützpunkte:**
Hauser Kaibling: Krummholzhütte, UTM N 5248035, 33 407050, Tel. +43 664 3440510 od. +43 3687 2317
Alpengasthof Scharfetter an der Seilbahn Bergstation am Hauser Kaibling
Naturfreunde Haus Kaiblingalm, Tel. +43 664 9035168
Planai: Planaihof; Schladminger Hütte, UTM N 5247325, 33 403670
Seewigtal: Hans Wödl Hütte, UTM N 5245940, 33 410670, am Hüttensee, Tel. +43 3686 4223
Untertal: Preintalerhütte, UTM N 5240625, 33 410315, Tel. +43 664 1448881
Alle mit Übernachtungsmöglichkeit. Einkehrmöglichkeiten bei den Hütten im Gumpental.

■ **Schwierigkeit:**
Anspruchsvolle Bergtour mit versicherten Stellen – rot. Besonde-

Der Höchstein

Rast am türkisgrünen Maralmsee

aus eine völlig anderen Charakter als der Anstieg vom Hauser Kaibling aus. Ich finde beide spannend, besonders in Kombination mit dem Abstieg über den Moaralmsee.

re Vorsicht im Frühsommer bei Altschnee-Resten, speziell im Bereich der Zwieslingscharte.

■ **ÖK-Nummer/Titel:**
Österreichische Karte des Bundesamtes für Eich- und Vermessungswesen Nr. 127

■ **Tipp:**
Die Wanderung vom Hauser Kaibling oder vom Gumpental zum Moaralmsee ist eine schöne Familienwanderung und für Kinder ideal. Die Zustiegswege sind nicht zu lang, der See ein Abenteuerspielplatz und im Frühsommer prachtvoll während der Zeit der Alpenrosen-Blüte: ca. Mitte Juni bis Mitte Juli. Auch der Anstieg von der Tauern-Seilbahn-Bergstation zum Hauser-Kaibling-Gipfel ist empfehlenswert, nur 30–40 Minuten Aufstieg und prachtvolle Aussichten. Auch als Rundweg mit Kindern gut machbar: vom Gipfel über den Höhenkamm nach S zum Rossfeldsattel und am Panoramasteig (44) zurück durch Latschengassen und Almmatten zur Bergstation und Krummholzütte.

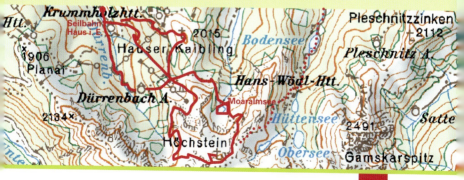

21 Steirische Kalkspitze und Lungauer Kalkspitze

Zwei weiße Kalkgipfel inmitten der dunklen Tauernszenerie

Die Steirische Kalkspitze und die Lungauer Kalkspitze sind die beiden höchsten Erhebungen im sogenannten Tauernfenster. Die Alpenauffaltung hat hier bewirkt, dass sich Kalkschollen über die kristallinen Formationen geschoben haben und sich so zwei Kalkgipfel über dem mächtigen Giglachkar mit den an einen Fjord erinnernden See erheben. Es ist eine schöne, eindrucksvolle und vor allem interessante Landschaft, die den Wanderer rund um die Ursprungalm erwartet. Das lange und von einem glasklaren Wildbach durchschnittene Preuneggtal ist durch eine Mautstraße bis zur 1604 m hoch gelegenen Ursprungalm befahrbar, auch der Wanderbus befährt diese Strecke mehrmals am Tag. Das reizvoll gelegene Almdorf „Ur-

Giglachsee mit Ignaz-Mathis-Hütte und Kalkspitzen

sprungalm" liegt in einem grünen Almboden am Fuße der steil und mächtig aufragenden Steirischen Kalkspitze, eine Quelle entspringt am Wandfuße und diese Wasser stürzen alsbald neben den steilen Kehren der Almstraße zu Tal. Genau gegenüber präsentieren sich im V-Ausschnitt des Tales die drei weißen, markanten Gipfelsilhouetten von Torstein, Mitterspitze und Dachstein. Der Anstieg zum Giglachsee führt zwischen den grünen, felsdurchsetzten Nordhängen der Steirischen Kalkspitze und den Südhängen der Kampspitze bergan – spannend ist: rechts Kalkgestein, links Urgestein. Und der bildschöne Giglachkessel mit den beiden fjordartigen, nur durch eine kleine Landbrücke getrennten Seen, blickt auf eine spannende Vergangenheit als Zentrum des Schladminger Silberbergbaues zurück. Zu dieser Geschichte gehört auch noch die richtige Sage über Reichtum, Frevel und Übermut der Bergknappen. Und zur bildlichen Abrundung dieser traditionsreichen, nordisch anmutenden Landschaft mische man im Frühsommer die unzähligen Blütenpolster der Alpenrosen oder die dramatische Szenerie eines Sommergewitters dazu – und fertig ist ein Bergsteiger-Menü. Nimmt man die Karte zur Hand, so wird schnell klar, dass der „Giglach" ein bedeutender Wanderknotenpunkt vieler schöner Tauernwege ist: zu Gipfeln, Übergängen, Scharten, Seen und einsamen Karen.

Wegbeschreibung:
Die Ursprungalm im Preuneggtal am Fuße der Steirischen Kalkspitze ist ein schöner Ausgangspunkt – sonnig, urig und landschaftlich großartig. Der knapp 1-stündige Aufstieg am breiten Almweg zum Giglachsee beginnt zwar steil, wird aber gleich nach der Waldgrenze sanfter und führt über grüne Almflächen zwischen den beiden Gipfelabhängen, Steirische Kalkspitze rechts und Kampspitze links, hinauf zum Preuneggsattel. Hier gabelt sich der Weg: geradeaus, oberhalb des Sees, zieht der viel begangene Steig hinüber zur wunderschön gelegenen Ignaz-Mathis-Hütte, rechts zweigt der Weg zur 5 Minuten entfernten Giglachseehütte ab. Für Wanderer ohne Gipfelambitionen ist eine Seerunde, speziell auch mit Kindern, ein eindrucksvolles, nicht anstrengendes Wanderziel, bei der viel Zeit zum Spielen und Rasten rund um den See bleibt. Aber die Gipfel locken und der Steig von der Giglachseehütte zum Znachsattel ist kurz und gewährt einen guten Überblick über die kleinen, blauen Seeaugen im grünen Umfeld des westlichen Seeufers sowie auf die wenig begangenen schroffen Gipfel der Seeumrahmung wie Znachspitze, Hading und Engelkarspitze zur Linken. Vom Sattel aus nach Süden geht ein uralter Saumweg hinunter in das Weißbriach-Tal in den Lungau. Der Anstieg zum Gip-

fel, Steig Nr. 702, zweigt rechts ab und führt in kurzen Kehren über einen grünen Rücken steil hinauf zu einem flachen Boden. Auffallend ist hier der charakteristische Kalkboden mit Dolinen und der attraktive Tiefblick auf den See mit der imposanten Bergumrahmung. Der Weiterweg über den eher flachen Rücken leitet, begleitet von den karstigen Abhängen der Lungauer Kalkspitze zur Linken, direkt zur Akarscharte im Westen. Dieser Übergang führt hinüber zum Oberhüttensee und weiter zum Radstädter Tauernpass. Links und rechts der Scharte ziehen die Gipfelanstiege zu den ungleichen Kalkgipfeln. Rechts die spitze, steil aufragende, massige Steirische Kalkspitze mit erkennbaren Grenzen zwischen Kalk- und kristallinem Gestein. Links der eher sanfte, langgezogene Rücken aus hellem Kalkgestein mit kaum ausgeprägtem Gipfel, die Lungauer Kalkspitze. Der Anstieg ist nur mäßig steil und führt meist am Kamm entlang zum Kreuz – die Aussicht von der „Lungauer" ist einfach hinreißend! Der Tiefblick zum See mit den weißen, verkarsteten Mulden vor dem direkt dahinter liegenden dunklen Höhenzug der Engelkarspitze zeigt die Charakteristik des geologisch interessanten Tauernfensters.

Beim Rückweg zur Scharte stechen die Dolinen und ausgewaschenen Löcher oberhalb des Oberhüttensees ins Auge und besonders der schön geformte Gipfelaufbau der Kalkspitzen-Schwester vor der Dachstein-Kulisse. Der Zustieg zur „Steirischen" über den steilen Südhang ist etwas anstrengender; wild aufgetürmte Felsblöcke ganz oben schaffen ein eigenes „Gipfelfeeling". Im Norden überblickt man die weißen, markant ausgeprägten Bergformen vom Doppelgipfel der Bischofsmütze über das Dreigestirn der Dachsteingipfel bis zum Grimming. Im Westen und Süden formen die Bergzüge der Radstädter Tauern die Grenze zwischen den Niederen- und Hohen Tauern, im Osten bilden die Seen und die von Nord nach Süd verlaufenden Kämme der „Schladminger" die Kulisse für den Tauern-Höhenweg, der vom Giglach See über viele Scharten bis in das Kleinsölktal führt. Wer nicht am selben Weg über den Giglach See absteigen möchte, kann von der Akarscharte den Weg Nr. 702 nach Süden weitergehen zum Oberhüttensee. Der Steig führt durch eine sehr helle muldenartige Senke mit eigenartigen Löchern und dann über terrassenartige Stufen steil (430 Höhenmeter) hinunter zum Oberhüttensee und der Oberhütte. Der 702er zieht weiter über blumenreiche Almböden und durch Latschengassen hinauf zur Seekarscharte und dort betritt man sozu-

Historisches Bergbaugebiet rund um die Giglachseen

Steirische Kalkspitze und Lungauer Kalkspitze

sagen das Gebiet rund um den Radstädter Tauernpass – aber das ist ein anderes Kapitel. Von der Oberhütte aus führt der markierte Steig zur Ursprungalm zunächst über die Almböden nach Norden zu den südwestlichen Abhängen der Steirischen Kalkspitze und dort, immer steiler werdend, hinauf Richtung Brotrinnl. Das letzte Wegstück unterhalb des Übergangs ist steil und der Steig wenig ausgeprägt – Trittsicherheit ist hier notwendig. Dann ist die Kranzlhöhe erreicht; man hat von hier aus einen guten Überblick über den Westgrat hinauf zum Gipfel der Steirischen Kalkspitze, der gut zu begehen ist, allerdings ist kurz nach der Kranzlhöhe eine brüchige Felsmauer (Seilsicherung) zu überwinden, um auf den Grat zu gelangen. Für gute, trittsichere Berggeher ist dieser Anstieg zur Steirischen Kalkspitze über das „Kranzl" eine schöne und aussichtsreiche Alternative, eventuell auch als Überschreitung und am Rückweg hat man dann den schönen Blick über die Giglach Seen immer vor sich. Der Abstieg vom Kranzl ist problemlos – über Almwiesen, Latschengassen und Gebüsch windet sich das

■ **Ausgangs- und Endpunkt:**
Ursprungalm – am Ende des Preuneggtales in 1604 m, UTM N 5239040, 33 395935. Mautstraße – Wanderbus ab Schladming
Zufahrt entweder über Rohrmoos oder bei Pichl, Richtung Preunegg, von der Ennstalstraße abbiegen.

■ **Gipfel:**
Lungauer Kalkspitze, 2471 m, UTM N 5236330, 33 395985
Steirische Kalkspitze, 2459 m, UTM N 5237565, 33 395810

■ **Höhenunterschied:**
855 m im Auf- und Abstieg zur Steirischen Kalkspitze
867 m im Auf- und Abstieg zur Lungauer Kalkspitze
Abstieg über Oberhüttensee und Kranzlhöhe: 1068 m Abstieg mit zusätzlich 220 m Aufstieg zum Brotrinnl.

■ **Gehzeit gesamt:**
Anstieg zu einem der Gipfel ca. 2 ¾ Std., zu beiden Gipfeln 3 ½ Std., Abstieg (wie Aufstieg) ca. 2 Std., Rundtour: Abstieg: Akarscharte über Oberhüttensee und Kranzl zur Ursprungalm ca. 2 ½ bis 3 Stunden.

■ **Stützpunkte:**
Ursprungalm Hütte, 1610 m, UTM N 5239050, 33 395995
Giglachseehütte, 1955 m, UTM N 5237140, 33 396985, Tel. +43 664 9088188
Ignaz-Mathis-Hütte, 1986 m, UTM N 5237730, 33 397795, Tel. +43 664 4233823 (Übernachtungsmöglichkeiten)
Oberhütte, 1869 m, UTM N 5237310, 33 394110

■ **Schwierigkeit:**
Bergtour, blau; Trittsicherheit beim Aufstieg von der Akarscharte zur Steirischen Kalkspitze.
Auch gut für größere Kinder geeignet.

■ **ÖK-Nummer/Titel:**
Österreichische Karte des Bundesamtes für Eich- und Vermessungswesen Nr. 127

Steirische Kalkspitze und Lungauer Kalkspitze

Steiglein steil hinunter zum Almboden rund um die Ursprungalm und gewährt dabei herrliche Ausblicke zum Dachstein. Wer noch Zeit hat, spaziert zur Quelle oder rastet auf den gemütlichen, uralten Bänken vor der Ursprungalm Hütte und verkostet ein Butterbrot mit Steirerkas oder andere Almspezialitäten. Rückfahrt: Entweder mit dem Wanderbus oder privat zurück ins Tal. Fazit: Schöner Erlebnisberg. Wir sind einmal sehr, sehr früh zum Gipfel der „Steirischen" aufgestiegen, mit unseren Kindern, und haben dort oben den Sonnenaufgang erlebt – ein unvergessliches Erlebnis: Zuerst begannen die Seen im Dunkel der Dämmerung zu glühen, dann die ersten Sonnenstrahlen, die alles im warmen Morgenlicht erstrahlen ließen und uns wärmten – unvergesslich! Eigentlich war es auch für alle unsere Freunde, die wir zu diesen Gipfeln mitgenommen haben, immer ein besonderes Bergerlebnis. Die Alm am Fuße der eindrucksvollen Nordwand, die fjordartigen Seen, die beiden ungleichen Gipfelschwestern und die prachtvolle Aussicht – das kann schon was!

■ Tipp:

Die Sage vom „Knappenfrevel am Giglachsee" würde heute ohne Hintergrundwissen über die damaligen Lebensformen und Arbeitsweisen der Bergknappen Unverständnis hervorrufen – speziell die schier unverständliche Rohheit der Knappen.

Die übliche Sauferei beim Bärnhofer im Obertal nach der Rückkehr aus den Stollen gipfelte eines Tages darin, so erzählt die Sage, dass die Knappen einem Stier bei lebendigem Leib die Haut abzogen und ihn dann johlend und feiernd bis Schladming trieben. Einer der Knappen, der sich nicht an diesem Frevel beteiligte, hörte Tags darauf ein Vöglein singen: „Es geht nit guat, es geht nit guat, die Knappen treiben Übermuat! Giglach – Giglach – machs Loch zua!" Alle, an der Freveltat beteiligten Bergleute, die trotz der eindringlichen Warnung des Knappen zur Arbeit in die Stollen einfuhren, wurden vom plötzlich auftretendem Wasser ersäuft und der Silbersegen hatte ein Ende. In Schladming wird diese Sage auf den Fensterbalken eines Souvenirgeschäftes gegenüber des Minigolf-Platzes lebendig – mit gemalten Szenen aus der Sage.

Der Dachstein-Gipfel
Oben

Es gibt viele Möglichkeiten, den 2996 m hohen Dachstein zu erklimmen, und nicht nur von der steirischen Seite aus, sondern auch von Oberösterreich aus: zum Beispiel vom Gosausee über die Adamekhütte und dann über den Gosaugletscher und Westgrat zum Gipfel. Oder von Obertraun mit der Seilbahn zum Krippenstein, dann weiter bis zur Simonyhütte, über den Hallstätter Gletscher zur Schulter oder Randkluft und weiter zum Gipfel – von den Kletterrouten in der Dachstein-Südwand ganz zu schweigen.

Und nun zu den steirischen Anstiegen zum Dachstein: Von der Ramsau aus führt der schöne „5-Hüttenweg" hinauf in die Almregion zur Talstation der Gletscherbahn bei der Türlwand – dies zur Information für jene Bergsteiger, die den Dachstein von der Ramsau aus erobern möchten. Die leichtere und gängige Variante ist mit dem Wanderbus oder eigenem PKW zur Talstation Türlwand zu fahren und dann die Gletscherbahn zum Hunerkogel, dem Ausgangspunkt am Gletscher für die weitere Gipfelbesteigung, zu nehmen.

Die Dachsteinstraße wurde 1965 erbaut und ermöglicht die Zufahrt zur Gletscherbahn, deren Talstation „Türlwand" sich in der Almregion

Dachstein-Nordwand mit Randkluft vom Schulteranstieg aus

Der Dachstein-Gipfel

Gletscherweg zur Dachsteinwarte mit Hohem- und Niederem Dachstein

auf rund 1700 m befindet. Die Seilbahn überwindet die 1000 Höhenmeter in wenigen Minuten und die Bergstation Hunerkogel in 2700 m ist der Ausgangspunkt für den leichtesten Zustieg zum Dachstein Gipfel, der mit 2996 m nur knapp unterhalb der 3000er-Marke liegt. Am Hunerkogel ist man bei schönem Wetter nicht alleine: Eine bunte Mischung verschiedenster Zielgruppen wie „nur" Gletscherbesuchern, die den Eispalast, die Hängebrücke und die Aussicht genießen möchten, wechselt sich mit Bergsteigern, Wanderern und Sportlern, die mit Langlaufskiern, Alpinskiern oder Snowboards den Gletscherschnee stürmen, ab.

Wegbeschreibung:
Zustieg Variante Hunerscharte – der Klassiker
Unmittelbar an der rechten Seite der Gletscherbahn-Talstation Türlwand in 1700 m beginnt die klassische Route zum Dachstein und führt zunächst leicht ansteigend im weiten Bogen unterhalb der Schwadering in gut 40 Minuten zur prachtvoll gelegenen und weithin sichtbaren Südwandhütte. Hinter der Hütte biegt man rechts ab und folgt der Markierung Nr. 615, die zunächst am Hang oberhalb der Hütte nach Osten in eine Scharte führt. Dort betritt man sozusagen

das felsige Kar der Schwadering: der schmale, felsige Steig quert einige Felsrippen und führt mitten in das Kar hinein und dort dann in Serpentinen steil hinauf bis zu dem am weitesten in das Kar reichenden Felsausläufer. Durch Geröll den roten Markierungspunkten folgen bis zum Felssporn. Dort beginnen bereits die Seilversicherungen und man folgt diesen über die schrägen Felsplatten hinauf zum Wandfuß. Über ein Felsband geht es an der Wand entlang nach links und im Anschluss kurz über eine plattige Wand steil (Seil + Eisenklammern) hinauf zur Hunerscharte am Gletscher. Am Schlepplift entlang geht man links im Schnee hinauf zur Bergstation am Hunerkogel.

Zustieg Variante Edelgrieß
Beim Hotel Türlwand und dessen Parkplatz vorbei hält man sich links und folgt dem markierten Steig zum Edelgrieß nach Osten. Man quert den Hang, wandert über Almwiesen und steigt dann auf schmalem Steig zwischen großen Felsblöcken am Fuße der Türlspitze bis zu einer breiten Rinne, quert diese und folgt den vielen, steilen Serpentinen in den Latschengassen und über ein steiles Geröllfeld bis zum Eingang in das breite, langgestreckte Kar des Edelgrieß. Zwischen Niederer Türlspitz und Gamsfeld Spitzen geht es zunächst mäßig steil, aber über viel lockeren Felsschutt durch das Edelgrieß bergan. Anschließend wird es wieder steil und schrofig; über eine Felsstufe mit Sicherungen erreicht man den Bereich des kleinen Edelgrießgletschers – eigentlich muss man schon sagen „ehemaligen", denn zur Zeit ist nicht mehr viel vom Gletscher sichtbar, außer dass unter dem dunklen Geröll hartes Eis liegt und man wirklich aufpassen muss! Links haltend steigt man unterhalb des Hinteren Türls am gerölligen Walchersteig (Seilsicherungen) hinauf zur Edelgrießhöhe und quert dort auf einem mit Seilen gesicherten, aussichtsreichen Felssteig hinüber zum Rosemarie-Stollen. Dieser führt unterhalb der Austria Scharte durch den Felsen. Vom Stollentor hat man einen großartigen Ausblick auf den Schladminger Gletscher, den Gjaidstein und Hunerkogel. Über eine senkrechte Eisenleiter und dann über Eisenbügel hinunter auf das steile Firnfeld zur Bergstation des Schleppliftes. Links haltend über den Schnee zur Hunerscharte und dann bergauf, entlang des gegenüber liegenden Schleppliftes zum Hunerkogel.

Hunerkogel – Bergstation Gletscherbahn in 2700 m.
Gletscherweg zur Dachsteinwarte
Loipen, Lifte und Wege kreuzen sich im Bereich vom Eispalast und dort beginnt auch der breite Gletscherweg, der von Pistengeräten präpariert wird und in ca. 40 Minuten zur Dachsteinwarte/Seethalerhütte

Der Dachstein-Gipfel

Hallstätter-Gletscher mit Gjaidstein und Grimming

führt. Es geht zunächst leicht bergab nach Norden bis an den Fuß des Dirndl mit dem sichelförmigen Kolk. Wir wandern hier am Hallstätter Gletscher, lassen die Langlaufloipen und den felsigen Eisstein rechts liegen und steigen geradewegs nach Westen hinauf zur Dachsteinwarte und Seethalerhütte. Wer nicht zur Hütte will, zweigt bei der letzten Linkskehre ab und geht direkt zum markanten Sockel des Dachstein-Ostgrates, wo die Versicherungen (Klettersteig) des Schulteranstieges beginnen. Die paar Minuten zur Dachsteinwarte sollte man investieren, denn der Einblick in die Dachstein-Südwand ist atemberaubend und man weiß ja nie, wie die Wettersituation nach der Gipfelbesteigung ist.

Dachstein-Gipfel-Anstieg über die Schulter (ca. 2750 m)

Der Klettersteig führt geradeaus über den Felspfeiler, abwechselnd links und rechts am Ostgrat hinauf zur Dachsteinschulter. Ein grandioser Ausblick in die Südwand und hinunter auf den Gletscher rechtfertigen eine kurze Rast. Mit wenig Höhenunterschied geht es zum Mecklenburger Band. Auf einem schmalen, ebenen Felsband (Seilsicherung) quert man durch die Nordwand hinüber zum Normalweg, der von der Randkluft heraufführt und mit einem durchgängigen Seil und Trittbügel ausgestattet ist. In diesem Bereich ist Vorsicht geboten

– Gefahr von Steinschlag! Helm! Steil geht es über einige Felsschultern und Blöcke hinauf zur Gipfelschlucht und weiter zum Gipfel mit dem großen, eisernen Kreuz. Schwierigkeiten A/B.

Dachstein-Gipfel-Anstieg über die Randkluft
Von der Dachsteinwarte geht es am Felspfeiler des Ostgrates vorbei und in sehr steilen Serpentinen unterhalb der nördlichen Gipfelhänge (ca. 30–40 Min.) hinauf zum Randkluft Einstieg (ca. 2900 m). Gefahr durch Gletscherspalten – Gletscher-Begehung. Die Randkluft ist eine Spalte zwischen Eis und Felsen und beim Einstieg oft heikel. Im Frühjahr Pickel und Steigeisen mitnehmen – Nordhang. Diesen Anstieg hat Prof. Friedrich Simony als einen der ersten Klettersteige in den Alpen im August 1843 errichten lassen, mit Eisenzapfen, Handhaken, eingemeißelten Tritten und einem 80 Klafter langem Schiffstau. Von der Randkluft geht es fast genau in der Falllinie hinauf zum Gipfel – Schwierigkeiten A/B –, wenn die Versicherungen frei sind!

Dachstein-Gipfel
Der Dachstein bietet naturgemäß einen ausgezeichneten Rundblick: speziell die nahen Nachbargipfel wie Mitterspitze und Torstein im Westen beeindrucken mit ihren felsigen Graten und senkrechten Wandfluchten. Der Blick geht natürlich zum schön gestuften Westgrat, dann auf den tief unten liegenden Gosaugletscher und dem blauen Seeauge des Gosausees. Ich bin immer von den felsigen Zinnen und Zacken des Gosaukamms fasziniert, besonders dann, wenn Wolken und Nebelschwaden im Wechselspiel die Gipfel verhüllen und wieder freigeben, unter anderen auch den markanten Doppelgipfel der Bischofsmütze, der genau im Grateinschnitt zwischen Hohem und Niederen Dachstein steht. An klaren Tagen ist manchmal auch der Böhmerwald als blauer Strich im Norden zu erkennen, während etwas weiter östlich die weißen Berge des Toten Gebirges den Horizont gestalten. Als besonders eindrucksvoll erweist sich der Blick auf die verkarstete Hochfläche der Landschaft am Stein, die sich östlich des Gjaidsteins und Schladminger Gletschers erstreckt, mit den sich endlos wiederholenden grünen Mulden und sanften, felsdurchsetzten Kuppen. Und dahinter erhebt sich der formschöne Grimming über die ihn umgebenden Bergspitzen – in immer wechselndem Farbenspiel: in allen Blautönen am Morgen oder als dunkle Silhouette bei Sonnenaufgang, in Blau und Rosa bei Sonnenuntergang und manchmal versteckt er sich hinter Wolken oder wird an heißen Tagen um die Mittagszeit fast unsichtbar und unauffällig. Rechts vom Koppenkarstein, hinter der Bergstation Hunerkogel, verzweigt sich eine weiterer

Am Dachstein-Gipfel – Blickrichtung Salzkammergut

Felsgrat Richtung Osten mit der Scheichenspitze als höchstem Gipfel, dahinter dann Sinabell, Stoderzinken ... Und nicht zu vergessen die Bergketten im Süden: im Vordergrund die Schladminger Tauern, dahinter die Murtaler und Gurktaler Berge und am Horizont die Julischen Alpen und die Karawanken – natürlich nur bei guter Sicht erkennbar. Im Westen beschließen die weißen Gletschergipfel der Hohen Tauern den Dachstein-Rundblick – von der Hochalmspitze, Großglockner bis zum Wiesbachhorn und weiter kann man an klaren Tagen das Relief der Alpen überschauen.

Den Abstieg diktiert natürlich die Zeit, das Wetter und die anderen Bergsteiger. Wenn viele unterwegs sind, kann es zum „Stau" kommen, die einen sind schon am Abstieg, andere steigen erst auf, manche sind langsam, andere wollen überholen ... erst beim Mecklenburger Band entspannt sich dann die Situation, wenn man über die Schulter absteigt. Viele Dachstein-Geher fahren mit den ersten Gondeln ab 8.00 Uhr und kommen dann naturgemäß ziemlich gleichzeitig hin zum Einstieg, die letzte Gondel fährt gegen 17.00 Uhr – das ist der Zeitrahmen. Bei Gewitter-Gefahr wird dieser Zeitrahmen natürlich noch enger und dementsprechend sollte auch die Tourenplanung stattfinden.

Als schöne und ruhigere Dachstein-Überschreitung (Variante) bietet sich der Abstieg über den breiten Westgrat (versichert, Stahlseil und Trittbügel) zur Oberen Windluke an und von dort quert man rechts (meist Steigspuren) durch die Gletschermulde (Spaltengefahr) zum Felszug des Niederen Dachstein. Diese langgestreckte Felsbarriere verbindet, ausgehend vom Hohen Dachstein, auch die Gipfel Niederer Dachstein und Hohes Kreuz und trennt den Hallstätter- vom Gosau Gletscher. Über eine steile, schräge Felsrampe steigt man vom Gosau Gletscher auf, folgt den Versicherungen zur Steiner Scharte und genießt dort erst mal den Blick auf die beiden Gletscher. Der Abstieg von der Steiner Scharte ist steil, aber ebenfalls versichert. Am Gletscher trifft man auf die Route zur Simonyhütte, hält sich rechts und wandert auf dieser (Schneepfad) leicht bergan, nun auf der östlichen Seite des Niederen Dachstein (nicht abkürzen und direkt über den Gletscher zum Dirndl gehen – Spaltengefahr!) bis fast zur Dachsteinwarte/Seethalerhütte und dann zurück am Gletscherweg zur Bergstation Hunerkogel.

24 Dachsteingruppe

■ **Ausgangs- und Endpunkt:**
Ramsau Ort – 5-Hütten Weg zur Türlwand
Türlwand – Gletscherbahn Talstation – 1700 m
Hunerkogel – Gletscherbahn Bergstation – 2700 m

■ **Gipfel:**
Hoher Dachstein, 2996 m,
UTM N 5258900, 33 394950

■ **Höhenunterschied:**
Aufstieg ab Türlwand durch die Hunerscharte zum Dachsteingipfel – 1296 Höhenmeter Aufstieg und ca. 350 Höhenmeter im Abstieg bei Benutzung der Gletscherbahn – knieschonend!
Aufstieg ab Bergstation Hunerkogel – ca. 350 m im Aufstieg und Abstieg
Aufstieg ab Hunerkogel und Abstieg über Westgrat und Steiner Scharte – ca. 350 m im Aufstieg
Abstieg über Westgrat zur Oberen Windluke (2996–2770 m), leicht absteigend rechts über den Gosaugletscher zum Felszug des Niederen Dachstein, Aufstieg (seilversichert) steil zur Steiner Scharte 2721 m, Abstieg entlang der Sicherungen zum Hallstätter Gletscher, rechts halten auf einem „Schneepfad" unterhalb des Niederen Dachstein, wieder aufsteigen zur Dachsteinwarte 2741 m und zurück zum Hunerkogel – ca. 450 Höhenmeter im Abstieg.

■ **Gehzeit gesamt:**
Ramsau Ort–Türlwand: 2 bis 2 ½ Std., oder Mautstraße zur Türlwand
Türlwand – Aufstieg durch das Edelgrieß u. Rosemarie-Stollen zum Hunerkogel: 3 bis 3 ½ Std.
Türlwand–Südwandhütte–Hunerscharte–Hunerkogel: 2 ½ bis 3 Std.
Hunerkogel–Dachsteingipfel: 1 ¾ bis 2 Std. Aufstieg
Dachstein-Überschreitung: Hunerkogel–Dachsteingipfel–Westgrat–Obere Windluke–Steinerscharte–Hunerkogel: 5 ½ bis 6 Std.

■ **Stützpunkte:**
Gasthöfe und Hotels im Bereich der Gletscherbahn-Talstation: Türlwand, Hunerkogel, Dachstein
Dachstein Südwandhütte, 1872 m, UTM N 5257185, 33 395650, Übernachtungsmöglichkeit, Tel. +43 3687 81509
Seethalerhütte, 2741 m, UTM N 5258740, 33 395470, Übernachtungsmöglichkeit, Tel. +43 3687 81036
Gletscherbahn Bergstation Panorama-Restaurant

Der Dachstein-Gipfel

■ **Schwierigkeit:**
Mittelschwere Hochtour mit Gletscherbegehung, Trittsicherheit und Schwindelfreiheit erforderlich, bei Nebel Orientierungsschwierigkeiten am Gletscher.
Hunerscharte Anstieg: 950 Höhenmeter, Versicherungen und kurzer Klettersteig (50 Hm – B)
Anstieg über Edelgrieß – Versicherungen im Edelgrieß, Abstieg vom Rosemarie-Stollen über eine senkrechte Leiter und Eisenbügel, Gletscher.

■ **Dachstein-Gipfelzustiege:**
Randkluftanstieg: Steiler Zustieg zur Randkluft am Gletscher – Spaltengefahr, die Randkluft (Spalt zwischen Eis und Felsen) kann heikel sein, jahreszeitlich bedingt (eisig, hart, große Spalte ab Spätsommer) mit Seil sichern. Durchgehendes Stahlseil zum Gipfel + Trittbügel – (90 Hm) leichter Klettersteig A/B, sofern die Versicherungen frei liegen.
Anstieg über die Ost-Schulter: Leichter Klettersteig B und 1+ bei den ungesicherten Passagen, Stahlseil, Trittstifte und Bügel. 170 Hm. Teilweise ausgesetzt.
Überschreitung – Westgrat: Leichter Klettersteig am breiten Grat mit ausgesetzten Stellen, teilweise Stahlseil u. Trittbügel, steiles Schnee- oder Geröllstück beim Abstieg zur Oberen Windluke, Gletscherquerung zur Steiner Scharte – Spaltengefahr! Seilversicherungen auf beiden Seiten der Steiner Scharte.
Info für geführte Touren: im Büro des Tourismusverbandes Ramsau – Tel. +43 3687 81833
Grundsätzlich ist bei Dachstein-Begehungen eine Zeitreserve einzuplanen, da man bei schönem Wetter nur zeitig in der Früh und am späteren Nachmittag relativ allein ist. Stauzeiten an den Klettersteigen. Unterschätzen darf man diese teils kurze, aber anspruchsvolle Bergtour auf keinen Fall – es ist hochalpines Gelände, man ist am Gletscher unterwegs und in einer Höhe von knapp 3000 m. Entsprechende Ausrüstung – Klettersteigset mit Helm, genügend Flüssigkeit, Jause, Sonnenschutz. Bei widrigen Bedingungen richtige Entscheidungen treffen!

■ **ÖK-Nummer/Titel:**
Österreichische Karte des Bundesamtes für Eich- und Vermessungswesen Nr. 127

Kleiner Gjaidstein und Hoher Gjaidstein

Hoch über den Gletschern

Ein langgestreckter Felsrücken verläuft in Sichtweite vom Hunerkogel nach Norden und trennt den kleinen Schladminger Gletscher vom größeren Hallstätter Gletscher. Dementsprechend ist auch die Aussicht auf die beiden tiefer liegenden Gletscherflächen. Als besonders schön empfinde ich den Blick auf den Dachstein mit seinen Trabanten Niederer Dachstein und Dirndl und das Gletscherpanorama, das sich je nach Jahreszeit weiß oder schwarz-weiß präsentiert. Die Gletscherloipen zeichnen sanfte, langgezogene Linien in den Gletscherschnee, während weiter nördlich die Spalten dominieren. Vom Gjaidstein aus gesehen zeigt sich auch der Dachstein-Gipfelaufbau besonders eindrucksvoll mit der hoch hinaufragenden, steilen Gletscherzunge. Alles in allem bietet der Gjaidstein eine kurze, aber aussichtsreiche Felswanderung ohne großen Höhenunterschied mit gut gesicherten Teilstücken.

Wegbeschreibung:
Ausgangspunkt ist die Bergstation am Hunerkogel. Man fährt entweder mit der Gletscherbahn oder steigt über die Hunerscharte (siehe vorige Wanderung) zum Gletscher auf. Zum Beginn des Felsrückens wandert man nach Norden, folgt den Loipen, quert den Schlepplift und erreicht in 10 Minuten die Bergrettungshütte und den Schilderpfahl beim Gjaidstein. Von der kleinen Hütte aus steigt man über den abgerundeten Felsbuckel auf den Grat und folgt diesem bis zur ersten Anhöhe, dem Kleinen Gjaidstein. Das ist schon ein super Aussichtsplatz, weil man sich hier noch nicht so hoch über den Gletschern befindet und das quirlige Treiben bei schönem Wetter am Gletscher in Ruhe beobachten kann. Wir sehen die Bergsteiger, die Richtung Dachstein ziehen und die Langläufer, die je nach Saison in Massen am Vormittag die Loipen beleben. Auch das Völklein der Snowboarder trainiert am Gletscher, ebenso die Skifahrer und natürlich sind auch die „Halbschuh-Touristen" unterwegs. Mit jedem weiteren Schritt am Grat verändert sich die Landschaft, man gewinnt rasch an Höhe und dadurch wird auch der Horizont weiter, speziell im Süden, wo hinter dem Gletscherrand die Tauernketten immer deutlicher sichtbar

Kleiner Gjaidstein und Hoher Gjaidstein

Schladminger Gletscher mit Kammspitze, Grimmig und Gesäuse

werden. Der Anstieg führt über teilweise festen Felsen, dann wieder über geröllige Passagen und ist zum Teil versichert. Vor dem letzten Anstieg hat man einen großartigen Tiefblick auf den Eisbruch des Hallstätter Gletschers, dann ist nur noch ein kurzer Felsaufschwung zu überwinden und man erreicht den flachen Gipfelgrat mit Kreuz. Und dieser Rundblick ist gewaltig: Waren vom Kleinen Gjaidstein noch die Loipen dominant, so sind es jetzt die Gletscherspalten, und die Bergstation am Hunerkogel ist exakt in der Verlängerung des Gjaidstein-Rückens am Horizont präsent. Dahinter zeigt sich die Phalanx der Gipfel von den Niederen- bis zu den Hohen Tauern. Fast genau hinter der Seethalerhütte grüßt der Großglockner herüber, dann zieht der Dachstein den Blick auf sich. Im Osten dagegen ist der Grimming der Dominator mit der Landschaft am Stein im Vordergrund, deren Hochfläche alle Karst-Attribute aufweist, bei schlechter Sicht ausgesprochen gefährlich ist und berühmt ist für seinen Blumenreichtum. Die Schafbauern und Jäger sind die Kenner dieses unübersichtlichen Gebietes, das aber auch auf einigen wenigen, markierten Wegen erwandert werden kann, wie zum Beispiel der Weg Nr. 666 vom Guttenberghaus quer über die Hochfläche zum Krippenstein. Die Kammspitze, der Stoderzinken, der Kufstein, das Scheichenspitz-Massiv und der Koppenkarstein bilden einen felsigen Zackengrat im Süden östlich des Hunerkogels. Ich habe schon öfter die Gelegenheit genützt, wenn ich auf der Seethalerhütte übernachtete, dass ich den Sonnenaufgang am Gjaidstein erwartete. Die Sonnenscheibe geht im Bereich des Grimming auf, bestrahlt den Dachstein und taucht für kurze Zeit den Gletscher in schönstes Licht. Also ein Gipfel für viele Gelegenheiten – bei guten Bedingungen nicht schwierig, nicht weit und mit einem prächtigen Panorama-Ausblick. Der Felsrücken bricht nach Norden zu ab, weist aber in seinem weiteren Verlauf noch andere Gipfel auf, wie den Niederen- und Vorderen Gjaidstein und den Taubenkogel; wo er dann sanft in die Karst-Hochfläche ausläuft. Eine Überschreitung wäre am Weg Nr. 615 bis zum Wegkreuz u. weiter am Weg Nr. 657A durch das Gjaidkar und unterhalb der Eisseen zur Simonyhütte möglich. Dann von der Simonyhütte über den Glet-

■ **Ausgangs- und Endpunkt:**
Von Ramsau auf der Mautstraße zur Türlwand, Gletscherbahn Talstation. Mit der Gletscherbahn zum Hunerkogel auf 2700 m.

■ **Gipfel:**
Kleiner Gjaidstein, 2735 m,
UTM N 5258925, 33 396700
Hoher Gjaidstein, 2794 m,
UTM N 5259635, 33 396955

■ **Höhenunterschied:**
200 Höhenmeter im Aufstieg und Abstieg ab Hunerkogel

■ **Gehzeit gesamt:**
Ab Hunerkogel 1 Std. zum Gipfel

Hoher Gjaidstein
Rote Markierungen auf den Felsen

■ **Stützpunkt:**
Bergstation Hunerkogel, Gletscher Panorama Restaurant

■ **Schwierigkeit:**
Kurze, hochalpine Bergtour, leichter Klettersteig A/B. Geeignet von Juni bis September.
Vorsicht bei Schnee, Eis und Nebel!

■ **ÖK-Nummer/Titel:**
Österreichische Karte des Bundesamtes für Eich- und Vermessungswesen Nr. 127

Kleiner Gjaidstein und Hoher Gjaidstein

Sonnenaufgang am Dachstein: Hoher- und Niederer Dachstein, Steiner Scharte, Hohes Kreuz

scherpfad zur Dachsteinwarte und zurück zum Hunerkogel. Das nur als Anregung, denn mein Vorschlag führt am selben Weg zurück zur Bergstation – als einfache und kurze, aber besonders aussichtsreiche Bergtour.

Besonderer Kultur- und Ausflugstipp:
Im Sommer gibt es wöchentlich die Aktion „Sonnenaufgangs-Gondel": Wer ganz früh dran ist (reservieren, da nur begrenzte Anzahl möglich), kann bei gutem Wetter die Chance nützen und von der Bergstation auf den Gjaidstein gehen, das muss gar nicht bis zum Gipfel sein, denn schon am Kleinen Gjaidstein hat man einen Logenplatz Richtung Sonnenaufgang. Ebenso bietet im Herbst die Aktion „Sonnenuntergangs-Gondel" die Chance, die leuchtenden Farben des Abendlichtes auf den Bergen oder die beleuchteten Wolken oder Nebelstimmungen im Bereich der Hängebrücke zu erleben und zu fotografieren. Und neben der Südwand und den Hohen Tauern als Motiv gibt es auch oft ein fantastisches Licht im Osten, beim Grimming, wenn dieser von Blau- und Rosatönen umgeben ist.
Info: www.derdachstein.at oder Dachstein-Gletscherbahn, Tel. +43 3687 81241-0

Die Scheichenspitz-Überschreitung

24

Drei weiße Gipfel hintereinander am Ramsauer Klettersteig

Das Scheichenspitzmassiv bildet eine eindrucksvolle, kalkbleiche Barriere im Norden des Ramsauer Hochplateaus. Tiefe Rinnen und große Kare wie das Tiefkar, das Eiskar, die Fluder und das Edelgrieß sind von schroffen, reich gegliederten Felsrücken und Türmen umschlossen, die wiederum in die vorgelagerten, waldreichen Buckel auslaufen, die der Ramsau Schutz vor Lawinen und Steinschlag bieten. Der beliebteste Zugang führt durch das Tiefkar zum ideal gelegenen Guttenberghaus und über den markanten Vorgipfel, die Hohe Rams, zum mächtigen Gipfel der Scheichenspitze mit dem riesigen Gipfelkreuz. Der Gratverlauf nach Westen ist besonders wild zerklüftet und wird von zwei weiteren Gipfeltürmen

Am Beginn des Ramsauer Klettersteiges Richtung Gamsfeldspitze und Scheichenspitze

Die Scheichenspitz-Überschreitung

– Schmiestock und Gamsfeldspitz – gegliedert und ist durch den Ramsauer Klettersteig erschlossen. Damit ist eine großartige Überschreitung der Scheichenspitze möglich geworden, die allerdings schon Anforderung an Kondition und Freude an Gratkletterei voraussetzt. Im Norden der Scheichenspitze verläuft ein leichterer Anstieg vom Guttenberghaus durch das weniger schroffe Landfriedtal, mit der Option einer Gipfelbesteigung über den geröligen Nordhang. Bei der Edelgrießhöhe kommen der Ramsauer Klettersteig und der Weg durch das Landfriedtal wieder zusammen, sodass man bei dieser Bergtour die Wahl zwischen Bergwanderung samt Gipfelbesteigung und/oder Überschreitung mit Klettersteig Begehung hat. Der Reiz dieser Überschreitung liegt auch darin, dass man die Tour bis zum Gletscher über den Walchersteig und Rosemarie-Stollen fortsetzen kann, anstatt durch das Edelgrieß-Kar zur Türlwand abzusteigen. Dafür dann mit der Gletscherbahn zu Tal fahren. Damit überschreitet man den gesamten Höhenzug mit all seinen Gipfeln und schroffen Türmen, die sich so schön von der Ramsau aus überblicken lassen. Nicht weniger reizvoll ist natürlich der Tiefblick von der Scheichenspitze auf Ramsau Ort – 1700 m tiefer – kein Wunder, dass die Scheichenspitze der eigentliche Hausberg der Ramsau ist, wenngleich der Dachstein natürlich immer präsenter ist.

Wegbeschreibung:
Die drei Zustiegsvarianten zur Scheichenspitze sind in etwa gleichwertig: über das Guttenberghaus und Hohe Rams oder Landfriedtal zum Gipfel – also von Osten kommend. Etwas weniger Höhenunterschied muss man beim Zustieg von der Türlwand über das Edelgrieß zum Gipfel zurücklegen, es sei denn, man macht es ebenfalls klassisch von Westen aus: In diesem Fall startet man in der Ramsau beim GH Edelbrunn und steigt über den Jungfrauensteig in das Edelgrieß. Die dritte Variante ist, mit der Gletscherbahn zum Hunerkogel zu fahren und dann durch den Rosemarie-Stollen und über den Walchersteig zum Edelgrieß abzusteigen und von dort entweder über das Landfriedtal oder den Ramsauer Klettersteig zum Gipfel zu gehen.

Aufstieg über das Guttenberghaus:
Unterhalb des Hotel Feisterer ist der Ausgangspunkt samt Parkplatz. Dort, in ca. 1150 m, beginnt der Weg Nr. 616, der gleich steil startet und im Wald am Bach entlang Richtung Norden in das Tiefkar führt. Nach rund 50–60 Minuten erreicht man die urige Lärchbodenalm (1406 m). Im Anschluss geht es in Serpentinen zwischen hohen Latschen ständig weiter bergauf, bis der Weg unterhalb der Fischermauer zu

den Felsen heranführt. Der Steig über die Felsstufe ist gut angelegt und bald danach ist das Feisterkar erreicht. Im Zickzack wandert man die Serpentinen hinauf zum Guttenberghaus, das in 2147 m einen idealen Stützpunkt für viele Wanderungen, Gipfeltouren und Klettersteige bietet. Gastfreundlich, auch gut für wanderfreudige Kinder geeignet, ist es ein aussichtsreicher Rastplatz. Der Weiterweg führt nun oberhalb des Gruberkars und des Mitterstein am Fuße des Eselstein durch grüne Almmatten westwärts bis zur Gruberscharte – 2364 m. Dort muss man sich entscheiden: entweder am leichten Weg durch das karge Landfriedtal (Ramsauer Höhenweg-Nr. 618) bis zur Abzweigung zum Gipfelanstieg in 2409 m – und von dort durch viel Geröll im Nordhang steil hinauf zum Gipfel, 2667 m. Oder man zweigt bei der Scharte links ab und folgt den Versicherungen (Stahlseil) um einen Felsturm herum (Steig Nr. 673) und dann frei hinauf zum Gipfel der Hohen Rams in 2551 m. Nun geht es auf einem markierten Felssteig am flacheren Verbindungsgrat entlang nach Westen zum gewaltigen Gipfelaufbau der Scheichenspitze. Der Ausblick ist schon hier etwas Besonderes, denn auf der nördlichen Seite überschaut man das vom Gletscher geformte Landfriedtal mit den Buckeln und bis weit in den Sommer hinein mit Schnee gefüllten Mulden und dem Landfriedstein. Im Nordwesten dominiert der gewaltige Felsklotz des Koppenkarsteins und im Süden liegt tief unten die Ramsau, und weit reicht der Blick über die Tauerngipfel. Der Ostgrat ist fast durchgehend mit einem Stahlseil gesichert und gut zu begehen bis zum prächtigen Gipfelkreuz. Der Gipfel selbst ist weniger schroff als vermutet, eher ein Buckel, der allerdings steil nach Süden zu abbricht und ansonsten ein tolles 360-Grad-Panorama vermittelt.

Hinter dem westlichen, wesentlich zerklüfteteren Grat sind die Dachstein-Gipfel mit den imposanten Südabstürzen präsent, etwas mehr im Norden fasziniert der mächtige, mit gewaltigen Felspfeilern bestückte Koppenkarstein, davor die eher runden Formen im Bereich der Edelgrießhöhe. Der Blick zurück über die Hohe Rams, Eselstein, Sinabell, Stoderzinken bis zum Grimming ist besonders schön am frühen Morgen – ich hatte einmal am Guttenberghaus übernachtet und saß schon bei Sonnenaufgang auf der Hohen Rams, als die rote Sonnenscheibe hinter dem Grimming sichtbar wurde. Morgenstund hat ... da ist schon was Wahres dran! Aber jetzt kommt eigentlich erst der spannende Abschnitt – der Ramsauer Klettersteig. Der Weiterweg zum nächsten Vorgipfel ist unproblematisch, allerdings sehr gerölig und die Schartenübergänge und Querungen sind auch schon mit einem Seil versichert. Es folgt ein steiler Abstieg (C) in einem Kamin über Trittbügel und Seil zum markanten Felsturm des

Die Scheichenspitz-Überschreitung

Gruberkar und Gruberscharte mit Eselstein und Guttenberghaus

Schmiedstock, der auf der Südseite umgangen wird und einen großartigen Tiefblick in die steil abfallenden Flanken der Südseite ermöglicht. Nach einem flacheren, aber gesicherten Teilstück wartet der nächste Gipfelaufstieg: die hohe Gamsfeldspitze mit 2655 m. Es geht auf der Ostseite steil hinauf zum kleinen Gipfelplateau mit Gipfelbuch und auf der Westseite genauso steil wieder hinunter (B/C). Weiter geht es in leichtem Auf und Ab, einmal südseitig, dann wieder nordseitig um kleinere Türme und Spitzen herum, bis man zur Scharte unterhalb der Niederen Gamsfeldspitze kommt, die man durch eine schmale, steile Rinne aufsteigend erreicht (B). Ein Platz zum Innehalten und Verschnaufen: Der Blick zurück zur Scheichenspitze zeigt den zerklüfteten Zackengrat mit all seinen Ab- und Aufstiegen und den gewaltigen Tiefblick über die Felsrinnen hinunter zu den Almen. Die Gipfelkette der Niederen- und Hohen Tauern ist auf dem ganzen Klettersteig präsent, so man sich die Zeit nimmt, um zu schauen. Im Westen überschaut man das riesige Kar mit dem „ehemaligen Edelgrießgletscher" bis zum Dachstein, Hunerkogel und Koppenkarstein. Von der Niederen Gamsfeldspitze verläuft der Abstieg zur Edelgrießhöhe eher sanft über den Kamm bis zum Wegkreuz, wo der Steig Nr. 673 aus dem Edelgrieß steil über die Geröllhalden (teilweise versichert) zur Edelgrießhöhe heraufführt und der Weg Nr. 618 aus dem Landfriedtal einmündet. Der Abstieg ins Edelgrieß am „673er" sei nur trittsicheren Gehern, die gerne im losen Schutt gehen, empfohlen. Ansonsten wandert man weiter am breiten Kamm nach Norden, direkt auf den Koppenkarstein zu bis man auf die Markierungen und Steigspuren trifft, die zum Klettersteig „Irg" zum Koppenkarstein führen. Dort halten wir uns links und queren unterhalb der Felswände den Edelgrießgletscher – manchmal sind hier Steigeisen notwendig, weil unter dem Geröll altes Eis liegt und man meist schräg über den Hang geht. Wo der Walchersteig aus dem Edelsrieß-Kar heraufführt, müssen wir uns entscheiden: Entweder am Walchersteig (Weg Nr. 672) durch das Edelgrieß-Kar zur Türlwand absteigen oder zum Gletscher und Hunerkogel aufsteigen. Nicht vergessen darf man bei der Gletscher-Variante die Zeit, weil gegen 17.00 Uhr die letzte Talfahrt stattfindet. Zeitlich ist kein allzu großer Unterschied: 1 ½ bis 2 Stunden geht man durchs Edelgrieß und 1 ½ Std. braucht man auch bis zum Hunerkogel – aber es ist knieschonender!

Beim Abstieg durch das Edelgrieß ist noch einmal eine versicherte Stelle (B) bei einer Felsschulter bergab zu überwinden – der Anstieg zum Rosemarie-Stollen führt steil an der linken Seite der Hinteren Türlspitze über schrofige Felsen (Seilsicherung) hinauf zur Anhöhe oberhalb der Schwadering. Geradeaus geht es weiter bergan zur Austria Scharte, links geht es auf einem ausgesprengten Felssteig mit Seilsicherung quer über den steilen Felshang zum Rosemarie-Stollen. Auf der anderen Stollenseite, der Nordseite, überrascht zunächst der Tiefblick auf den Gletscher und zum Gjaidstein, dann folgt der Abstieg über eine senkrechte, lange Eisenleiter über den Felsabhang hinunter und weiter über Eisenbügel zum steilen Firnfeld (Bergstation eines Schleppliftes) und entweder bei guten Schneebedingungen direkt hinunter entlang des Liftes oder an der linken Seite am Felsen, wo der Steig von der Austria Scharte zur Hunerscharte verläuft. Dann fehlt nur noch der kurze Anstieg entlang des nächsten Schleppliftes hinauf zur Bergstation Hunerkogel, und das oftmalige Auf und Ab dieser langen Gipfelüberschreitung hat ein Ende. Wichtig ist bei dieser Tour, frühzeitig aufzubrechen und nur bei sicherem Wetter zu gehen – denn sie ist lang und fordernd und unterwegs gibt es nur das Guttenberghaus zum Einkehren. Wer die Überschreitung in umgekehrter Richtung geht, also von der Türlwand über das Edelgrieß zur Edelgrießhöhe und dann über den Ramsauer Klettersteig zur Scheichenspitze,

Abstieg am versicherten Ostgrat von Scheichenspitze und Hoher Rams

Die Scheichenspitz-Überschreitung

hat den Vorteil, bei 1700 m zu starten und nur 1000 Höhenmeter im Aufstieg bewältigen zu müssen. Dafür muss man beim Abstieg über das Guttenberghaus fast 1700 Höhenmeter zurücklegen, hat nun allerdings den Vorteil, das im letzten Teil der Wanderung das Guttenberghaus als Einkehrmöglichkeit lockt – allerdings warten dann immer noch 1000 Höhenmeter und 2 Stunden Abstieg!

Variante Gletscher – Scheichenspitz-Runde: Auch die Auffahrt mit einer der ersten Gondeln ab 8.00 Uhr zum Hunerkogel ist eine Option, die bedeutend weniger Höhenunterschied aufweist – ca. 450 Höhenmeter. Zunächst erfolgt der Abstieg entlang des Schleppliftes in die Mulde der Hunerscharte und dann aufsteigen zur Bergstation des anderen Schleppliftes. Auf der Leiter, die zum Rosemarie-Stol-

■ **Ausgangs- und Endpunkt:**
Ramsau am Dachstein: entweder ab Hotel Feisterer zum Guttenberghaus oder Gasthof Edelbrunn – Jungfrauensteig zum Edelgrieß. Oder von der Türlwand (Mautstraße) zum Edelgrieß und weiter zum Klettersteig.

■ **Gipfel:**
Gleich drei Gipfel bei der Überschreitung:
Scheichenspitze, 2667 m,
UTM N 5256125, 33 398685
Hohe Rams (Vorgipfel), 2551 m,
UTM N 5256050, 33 399395
Hohe Gamsfeldspitze, 2655 m,
UTM N 5256235, 33 397885

■ **Höhenunterschied:**
Ab Ramsau / Hotel Feisterer zur Scheichenspitze 1534 Höhenmeter im Aufstieg.
Bei Überschreitung am Klettersteig und weiter über Rosemarie-Stollen zum Hunerkogel/Gletscherbahn gesamt gut 1900 Höhenmeter im Aufstieg und ca. 260 Höhenmeter im Abstieg.
Überschreitung und Abstieg über Edelgrieß zur Türlwand/Talstation Gletscherbahn 975 Höhenmeter im Abstieg. Letzter Wanderbus in die Ramsau ab Türlwand gegen 17.00 Uhr.

■ **Gehzeit gesamt:**
Hotel Feisterer–Guttenberghaus–Scheichenspitze ca. 4 bis 5 Std.
Scheichenspitze–Abstieg Landfriedtal–Edelgrießhöhe: 1 ½ bis 2 Std., Abstieg Edelgrieß–Türlwand 2 Std.
Scheichenspitz – Überschreitung am Ramsauer Klettersteig: ca. 2 ½ Std. bis Edelgrießhöhe, weiter zum Hunerkogel 2 bis 2 ½ Std., 8 bis 9 Std. gesamt.
Abstieg ab Edelgrießhöhe über Edelgrieß-Kar zur Türlwand 2 Std.

■ **Stützpunkte:**
Lärchbodenalm, 1406 m,
UTM N 5254390, 33 400820
Guttenberghaus, 2147 m,
UTM N 5256090, 33 400795, Tel. +43 3687 22753 (Berg) und Tel. +43 3687 81777 (Tal)
Gletscher Panorama Restaurant
Hotels im Bereich der Gletscherbahn Talstation: Türlwand, Hunerkogel, Dachstein.
Dachstein-Gletscherbahn: Tel.: +43 3687 81241-0 / www.derdachstein.at

Die Scheichenspitz-Überschreitung

len führt, aufsteigen. Durch den Stollen auf die Südseite und über den gesicherten, ebenen Felssteig zum Abstieg über die Ostflanke beim Hinteren Türl (Stahlseil). Unterhalb der Südwände des Koppenkarstein zum breiten Rücken der Edelgrießhöhe, der genau nach Süden verläuft. Auf diesem markierten Steig bis zum Beginn der Versicherungen bei der Niederen Gamsfeldspitze. Über den Klettersteig zur Scheichenspitze. Vom Gipfel aus den nördlichen Abstieg in das Landfriedtal nehmen (ca. 270 Höhenmeter im Abstieg) und am Weg Nr. 618 nach Westen zurück bis zur Edelgrießhöhe. Entweder zur Türlwand absteigen oder wie beim Zustieg über den Rosemarie-Stollen zurück zur Gletscherbahn. Rund 7 Std. Gehzeit.

Immer zu berücksichtigen sind die Sicht- und die Schneeverhältnisse! Und vor allem genug Flüssigkeit und eine stärkende Jause mitnehmen.

■ **Schwierigkeit:**
Leichteste Variante: Hochalpine, lange Bergtour bei Aufstieg vom Landfriedtal auf den Gipfel – ohne Versicherungen; Trittsicherheit und Ausdauer. Zustieg über Guttenberghaus: ab Gruberscharter zur Hohen Rams und über den Ostgrat zum Gipfel A/B. Ramsauer Klettersteig: meist A/B, zwei Stellen C! Aufstieg zum Rosemarie-Stollen – versichert mit Stahlseil 1–2. Abstieg über die Leiter auf der Nordseite – B! Abstieg über das Edelgrieß – eine Stelle mit B!

■ **ÖK-Nummer/Titel:**
Österreichische Karte des Bundesamtes für Eich- und Vermessungswesen Nr. 127

■ **Tipp:**
Mit einer Übernachtung beim Guttenberghaus entschärft man den langen Anstieg und hat den Vorteil des frühen Aufbruchs. Außerdem gibt es seit 2012 den neuen „Austria-Klettersteig Sinabell" (C), dessen Einstieg 10 Minuten von der Hütte entfernt liegt. Für den Aufstieg rechnet man 1 Stunde und für den Abstieg zurück zur Hütte 30 Minuten. Das wäre ein schöner „Abend-Gipfel" – denn der Sinabell bietet eine prachtvolle Aussicht.

Der Rötelstein

Panorama-Gipfel im Banne der Dachstein-Südwände

Man nimmt den Rötelstein von der Ramsau aus kaum wahr, zumindest nicht bewusst, denn seine formschöne „Figur", die eigentlich einem Vulkankegel ähnelt, erhebt sich westlich der Dachstein-Südwände, genauer gesagt, knapp neben den Wandfluchten des 2948 m hohen Torstein, dem westlichsten und wuchtigsten der drei Dachsteingipfel. Und neben diesem Felskoloss erscheint der Rötelstein mit seinen 2247 m doch eher bescheiden – aber nur auf den ersten Blick. Er tritt fast immer in Erscheinung: vom Brandriedel aus, einem der schönsten Aussichtsplätze der Ramsau oberhalb der Austriahütte und Brandalm, bildet er den Rahmen für den markanten Doppelgipfel der Bischofsmütze. Vom Hunerkogel aus gesehen steht er wie ein Trabant neben dem Torstein und man schaut tief hinunter auf seinen Gipfel – auch kein alltäglicher Anblick. Aber bei dieser Lage kann sich jeder Gipfelsammler unschwer vorstellen, dass von seinem Gipfel aus der Blick in die Dachstein Südwände fantastisch sein muss – und das trifft für den Rötelstein auch tatsächlich zu.

Es gibt keinen anderen Gipfel, der eine derartig atemberaubende Sicht auf diese ungeheuerlichen Felswände ermöglicht – mit Ausnahme des Südwandblickes von der Dachsteinwarte/Seethalerhütte aus. Da steht man allerdings am östlichen Beginn dieser 900 m hohen Wandfluchten in 2741 m Seehöhe und ist von der Tiefe, aber auch von der Nähe der Felsbänder, Türme, Schluchten und Überhänge in der Wand fasziniert – im Gegensatz dazu ist der Rötelstein westlich den Südwänden vorgelagert und man muss zum Torstein, Mitterspitze und Dachstein emporschauen. Mir hat dieser Berg viele schöne Erlebnisse geschenkt: Ich bin oft mit Hanns Gsellman im Zuge der Ramsauer Fotowochen zum Sonnenaufgang hinaufgeeilt und wir waren wieder pünktlich zum Frühstück zurück, ich war mit meinen Kindern am Gipfel, alleine am Abend zum Sonnenuntergang und besonders gerne im Frühsommer, wenn am Rötelstein die roten Primeln blühen – und das flächendeckend! Und das macht auch den Reiz dieses Berges aus: die Aussicht zum Dachstein und Bischofsmütze, das sanft kupierte, grüne Gipfelplateau, das aber nach allen Seiten steil und felsig abbricht. Das merkt man beim Aufstieg, denn ein schro-

Der Rötelstein

Der Rötelstein mit Hochkönig

figes Geröllfeld von gut 300 Höhenmetern erfordert einen sicheren Tritt, Schwindelfreiheit und Kondition. Also doch ein Gipfel, denn man sich wirklich verdienen muss – aber er ist es auch wert!

Wegbeschreibung:
Der Ausgangspunkt von der Ramsau aus ist bei der steirisch-salzburgischen Landesgrenze, beim Gasthof Dachsteinruhe – auch Bushaltestelle. Die Straße zur Bachlalm, dem eigentlichen Wanderausgangspunkt, ist für PKW gesperrt, aber es gibt einen Bus-Shuttle der regelmäßig vom Parkplatz bis zur Bachlalm (1490 m) fährt. Der Blick von der Bachlalm zu den Südwänden ist großartig und der Westgrat des Dachstein schaut von der Bachlalm besonders spektakulär aus. Man geht von der Hütte die erste Steigung wieder hinunter bis zur Kurve mit dem Wegkreuz und biegt links ab. Der zunächst breite Forstweg führt oberhalb der Almwiese mit den Felsblöcken vorbei, wo sich viele, gar nicht scheue Murmeltiere aufhalten – und das schon seit über 30 Jahren! Der Anstieg durch den lichten Lärchenwald führt an die Waldgrenze, wo sich ein weites, grünes Kar öffnet, das von den mit Latschen bewachsenen Felsabstürzen des Raucheck im Norden begrenzt wird. Beim Wegkreuz zweigt rechts der Weg in das Windlegerkar ab und der Weg über das Tor zur Südwandhütte.

Zum Sulzenhals und Rötelstein steigt man geradeaus vom Schnittlauchboden den Hang zum Sulzenhals empor. Der Felsturm der Bischofsmütze ist von hier aus im Westen schön sichtbar, rechts führt der Linzerweg und Bibelsteig zur Hofpürglhütte und links beginnt der Anstieg über den Nordhang zum Rötelstein-Gipfel. Über moosige Stufen und rutschige Latschen-Wurzeln steigt man bergan. Der Steig schlängelt sich zwischen Felsblöcken herum und führt immer näher an die Felswände heran. Dann beginnt ein mit viel lockerem Geröll gespickter, etwas mühsamer, steiler Anstieg. Im Zickzack geht es immer höher bis zu den großen Felsblöcken am Fuße einer kleinen Felswand. Ein schmaler Durchstieg und eine leichte Kletterstelle ist schnell überwunden und dann ist auch schon das Gipfelplateau erreicht. In steilen Serpentinen steigt man nun über Rasenpolster höher. Bald nimmt auch die Steilheit ab, man sieht auch schon den Gipfel und wandert nun gemütlich über die sanften, grasigen Kuppen hinauf zum Gipfelkreuz. Beim gesamten Aufstieg waren schon die Wandfluchten der Dachsteingruppe im Nordosten präsent, aber vom Gipfel aus ist der Eindruck noch imposanter. Nicht weniger attraktiv ist der gewaltige langgestreckte und stark gegliederte Windlegergrat im Norden, der zum Torstein hinaufführt. Das schluchtartige Windlegerkar daneben unterbricht die Wandflucht und ist ein steiler Zustieg zum Gosaugletscher, Adamekhütte und Torsteineck. Nach Nordwesten setzt sich der zerklüftete Felskamm bis zur Bischofsmütze fort, Windlegerkopf, Hochkesselkopf und Eiskarl sind Kletterziele und Bergwanderer können zwischen Windlegerscharte und Reißgangsattel hochalpine, landschaftlich großartige Touren unternehmen. Südwestlich liegt Filzmoos, überragt vom Waldrücken des Rossbrand und dahinter bildet die Gipfelkette der Hohen Tauern mit dem Großglockner als Mittelpunkt eine hochalpine Kulisse am Horizont. Die Dohlen sind auch hier mit ihren Flugkünsten allgegenwärtig und lassen sich gerne anlocken, falls was Gutes angeboten wird. So vergeht die Gipfelrast meist unterhaltsam und man sollte sie genießen bei schönem Wetter – auch hier auf die Zeit achten, falls man mit dem Shuttle fahren möchte, denn die letzte Fahrt ist gegen 17.00 Uhr. Auch beim Abstieg ist Aussicht geboten und ich kann nur den Dachsteinblick rühmen, den man die ganze Zeit vor sich hat – aber trotzdem heißt es auf den Weg zu achten, denn er ist meist sehr steil und es gibt viel lockeres Geröll. Auch für diesen Gipfel gilt: genug Flüssigkeit und Jause selber mitnehmen, auf das Wetter achten!

Beim Aufstieg zum Rötelstein – Blick zur Torstein-Südwand und Raucheck

Der Rötelstein

Dachsteingruppe

Besonderer Kultur- und Ausflugstipp:
Für konditionsstarke Wanderer lässt sich der Rötelstein gut mit der Wanderung über das „Tor" kombinieren. Zum Beispiel im Anschluss an den Gipfel: Man steigt vom Rötelstein bis zum Sulzenhals ab, wendet sich beim Wegkreuz nach Norden und steigt kurz durch die Latschengasse bergan bis zur Abzweigung, wo der Steig Nr. 617 rechts abzweigt. Dies ist der Pernerweg, der von der Südwandhütte kommend zur Sulzenschneid und weiter (nun als Linzer Weg) bis zur Hofpürglhütte führt. Der Steig führt nun in weitem Bogen gegen Osten durch das große Schuttkar unterhalb der Eiskarlschneid, quert mit wenig Höhenunterschied auch das Windlegerkar und schlängelt sich zwischen Latschen und Felsblöcken, nun leicht ansteigend, durch eine großartige Felslandschaft im Rauchkar hinauf bis zum Tor. Vom Tor aus überschaut man den ganzen riesigen Kessel unterhalb der Dachstein-Südwände bis hinüber zur Südwandhütte. Von diesem Standpunkt in 2033 m Seehöhe aus gesehen ragen die hellen, fast 4 km breiten Wandfluchten des Torstein, Mitterspitz und Dachstein

■ **Ausgangs- und Endpunkt:**
Ramsau am Dachstein, Parkplatz Gasthof Dachsteinruhe. Bushalte, Shuttlebus zur Bachlalm.

■ **Gipfel:**
Rötelstein, 2247 m, UTM N 5257015, 33 391075

■ **Höhenunterschied:**
760 Höhenmeter im Auf- und im Abstieg.

■ **Gehzeit gesamt:**
Weg Nr. 639 ab Sulzenhals, im Geröllhang rot-weiß-rot markiert.
4 ½ bis 5 Stunden

■ **Stützpunkt:**
GH Bachlalm, 1490 m, UTM N 5256755, 33 392690, Tel. +43 664 9130309

■ **Schwierigkeit:**
Rot. Alpine Bergwanderung, viel lockeres Geröll ab Sulzenhals!

■ **ÖK-Nummer/Titel:**
Österreichische Karte des Bundesamtes für Eich- und Vermessungswesen Nr. 126/127

Der Rötelstein

Am Rötelstein-Gipfelplateau – mit Dachstein-Südwänden und Windlegerscharte

900 m senkrecht in den Himmel – ein großartiger Anblick. Oft sieht man auch Gamsrudel in den steilen Schrofen des Rauchecks, das sich rechts über dem Tor erhebt und der Dachstein Westgrate zeigt sich von dieser Seite her als schmale Gratsichel. In steilen Serpentinen steigt man anschließend hinunter in den Boden unterhalb der Südwände und wandert fast eben zwischen dem Marstein rechts und dem Hühnerkogel links am Pernerweg Richtung Südwandhütte. Der Steig ist sehr steinig, schlängelt sich durch diese Felswildnis, weicht Felsblöcken aus und führt dann wieder entlang von Rasenpolstern mit den schönsten Alpenblumen. Nur der letzte Anstieg hinauf zur Südwandhütte ist noch einmal sehr steil. Dafür genießt man von der Hütte aus eine wirklich tolle Aussicht, kann sich stärken und geht dann die letzten 40 Minuten hinunter zur Türlwand, wo der letzte Bus in die Ramsau gegen 17.00 Uhr abfährt. Somit lässt sich die Tour zum Rötelstein auch mittels Bus kombinieren – zum Start mit dem Bus Richtung Dachsteinruhe, mit dem Shuttlebus zur Bachalm und am Rückweg ev. von der Türlwand in die Ramsau. Die Gehzeit verlängert sich bei dieser Variante um ca. 2 bis 2 ½ Stunden. Abstieg vom Rötelstein bis Sulzenhals ca. 1 Std., insgesamt Aufstieg zum Rötelstein – Rückweg über Tor und Südwandhütte ca. 7 Stunden.

Der Kufstein-Gipfel
Blumen- und aussichtsreich

Wenn man von der Planai oder dem Hauser Kaibling aus über das Ennstal zu den weißen Felsformationen von Dachstein und Scheichenspitz-Massiv blickt, so fällt einem auf, dass von der Scheichenspitze ostwärts, genau ab dem Eselstein im Bereich des Guttenberghauses, die Berge ihre felsige Schroffheit verlieren. Die Gipfel sind niedriger, die Konturen sanfter und statt der bizarren, hellen Felsen übernimmt die grüne Zone der Wälder und Latschen die Vorherrschaft, mit Ausnahme der felsigen Abbrüche der Luser Wände und des Kufstein-Gipfels.

Dieser schöne Aussichtsgipfel steht am Rande des großen Karstplateaus das „Landschaft am Stein" genannt wird. Zwischen 2000 und 2300 m Seehöhe erstreckt sich im Osten und Norden des Dachstein-Gletschers eine einsame Landschaft, die aus der Ferne eher einförmig wirkt, die aber im Nahbereich mit einer unwahrscheinliche

Blumengarten rund um die Stornalm, am Fuße des Kufstein

Fülle von Landschaftsformationen aufwartet. Da sind die runden, fast weißen Felsbuckel, dazwischen tiefe Täler, Felsmauern, die kleine, grüne Kare umschließen und Hänge, die mit Latschen und Zirben bestückt sind. Nur wenige markierte Wege führen durch diese Gegend. Bekannt ist der Weg Nr. 666, der vom Guttenberghaus quer über die Hochfläche zum Krippenstein im Norden führt, wo sich die Wege verzweigen und nach Hallstatt und Obertraun hinunterführen. Aber auch vom Guttenberghaus nach Osten zur Grafenbergalm und weiter bis zum Stoderzinken führt zum Beispiel ein Teilstück des reizvollen Dachstein-Rundwanderweges. Und am östlichen Rand der Hochfläche erhebt sich in der Nähe der Luser Wände der Kufstein-Gipfelstock, der nach Süden zu mit einem von Blumenpolstern durchsetzten Felshang abbricht. Im Norden ist das Gelände sanfter; weite Latschenhalden, runde Felsbuckel, knorrige Zirben und Almrauschpolster dominieren und tiefer unten erstreckt sich das schöne Almgelände rund um die Grafenbergalm, wo seit mehr als 30 Jahren der Literat Bodo Hell im Sommer als Hirte Jungrinder, Schafe und Ziegen hütet. Faszinierend ist der dichte Lärchenwald im Süden rund um das kleine Almdorf der Stornalm an der Waldgrenze, wo im Frühsommer die Alpenblumen in üppigster Fülle blühen. Allerdings ist der Zustieg weit. Dafür aber lockt ein aussichtsreicher Gipfel inmitten einer großartigen, nicht überlaufenen Almlandschaft, mit Blumenreichtum im Frühsommer und einem goldgelben Lärchengürtel im Spätherbst.

Wegbeschreibung:
Ausgangspunkt ist der ehemalige Gasthof Burgstaller in Ramsau Rössing, dem östlichsten Bereich der Ramsau. Ein Wegkreuz am alten Brunntrog (P) weist den Weg: Stornalm und Kufstein, Weg Nr. 667. Der Steig, der des Öfteren den Almfahrweg kreuzt, führt zunächst zur kleinen Siedlung hinauf, dann rechts weiter über die Almstraße und dann stetig bergauf im Wald. Weiter oben kommt noch der Weg von Weißenbach dazu. Danach führen steile Serpentinen bis zum schönen Lärchenwald unterhalb der Gsengwand, wo der Steig, teilweise etwas ausgesetzt, um eine Felsnase führt und man dann den kleinen Almkessel mit den vielen Almhütten betritt. Diese kleine Arena gewährt einen wunderschönen Ausblick nach Süden mit dem Höchstein als Mittelpunkt. Im Frühsommer blühen hier die Alpenrosen, die gelben Anemonen, blaue Vergißmeinicht und auch die seltenen, nach Vanille duftenden Kohlröserln. Leicht ansteigend schlängelt sich der Steig über die Kuppe nach Norden – knorrige Lärchen stehen vom Wind gebeugt links und rechts des Weges und wenig später zweigt links der Weg (667) zum Kufstein ab, gerade aus geht es weiter (666)

zur Grafenberg Alm. Nun ist auch schon der Kufstein sichtbar; der Steig wird steiler, der Wald bleibt zurück und die Blumen in diesem Steilhang sind bemerkenswert. Aber auch die Sonne brennt kraftvoll in diesen Südhang und so tut man gut daran, sich den Blumen zu widmen, kurze Pausen einzulegen und sich nicht zu verausgaben. Beim großen Gipfelkreuz angelangt, bietet sich ein eindrucksvolles 360-Grad-Panorama. Im Norden wogen die Wellen der karstigen Hochfläche „Am Stein", im Westen zeigt sich hinter den grünen Alm- und Waldflächen die steinige Wildnis des Ramsauer Gebirges und hinter den Schneefeldern sind auch die weißen Gipfel Koppenkarstein

■ **Ausgangs- und Endpunkt:**
Burgstaller – Ramsau Rössing, UTM N 5253590, 33 405975, Weg Nr. 667

■ **Gipfel:**
Kufstein, 2049 m, UTM N 5256640, 33 406625

■ **Höhenunterschied:**
1000 Höhenmeter bis zum Gipfel im Auf- und Abstieg, 800 m bis zur Stornalm.
Beim Rückweg über die Grafenberg-Alm + 150 Höhenmeter.

■ **Gehzeit gesamt:**
7 bis 8 Stunden für die Runde mit der Grafenbergalm. Aufstieg ca. 3 bis 3 ½ Std., Wald- und Almsteige, alpiner Steig im Bereich des Kufstein.

■ **Stützpunkte:**
Keine Stützpunkte unterwegs, kein Wasser

■ **Schwierigkeit:**
Blau. Alpine Bergwanderung – leicht. Aufgrund der Länge der Tour ohne Stützpunkte nur bei sicherem Wetter und guter Sicht gehen.

■ **ÖK-Nummer/Titel:**
Österreichische Karte des Bundesamtes für Eich- und Vermessungswesen Nr. 127

und Dachstein sichtbar. Im Osten ist der felsige Gipfel des Stoderzinken nicht weit entfernt, dahinter ragt der zackige Felsgrat der Kammspitze auf und den Abschluss bildet der felsige Rücken des Grimming. Lieblicher ist der Ausblick im Süden: die blumenreichen Wiesen rund um die Stornalm, das grüne Ennstal und die höchsten Gipfel der Schladminger Tauern bilden ein schönes, alpines Ensemble. Bei schönem Wetter ist die Gipfelwiese ein herrlicher Rast- und Jausenplatz, so man den Rucksack gut gefüllt hat. Der schnellste Rückweg ist direkt zur Stornalm abzusteigen – allerdings gibt es noch eine attraktive Variante über die Grafenberg Alm. Der Steig Nr. 667 führt über sanfte Felskuppen und durch Latschengassen fast eben nach Nordwesten zur Kufstein Scharte und wendet sich dort nach Norden. Der Ausblick über die grün-grauen Mulden,

Senken und Kuppen der Landschaft Am Stein ist großartig. Durch üppige grüne Polster von Alpenrosen schlängelt sich das Steiglein bergab, vorbei an Zirben und Lärchen bis in das weite, sanft kupierte Gelände der Grafenberg Alm. Mulden und Hügel, Wald und Wiesen bestimmen nun das Bild rund um die kleine Almhütte, dem Reich von Bodo Hell, der hier heroben im Sommer für die Ramsauer Almgemeinschaft Hirte ist. Hühner, Pferde, Rinder und Ziegen beleben die Alm und ein Wegkreuz zeigt die vielen Wegmöglichkeiten an. Weg Nr. 666 führt über das Plateau nach Norden zum Krippenstein und weiter nach Hallstatt oder Obertraun. Der Weg Nr. 618 kommt vom Guttenberghaus und führt weiter zum Stoderzinken. Am 668er geht man über den Grafenberg- und Ahornsee hinunter nach Weißenbach und am 666er umrunden wir den Kufstein auf dem Weg zurück zur Stornalm. Es geht rauf und runter durch die Mulden und Anhöhen, immer im Bereich der Waldgrenze, am Tiefblick zum Grafenbergsee vorbei bis man wieder den schönen Lärchengürtel am Ostabhang des Kufstein erreicht. Bei der Stornalm und Gsengwand genießt man noch einmal die prächtige Aussicht in die Tauern und steigt dann im Wald den langen Weg hinunter zum Burgstaller. Es gibt keine Einkehrmöglichkeit unterwegs, daher viel Flüssigkeit und eine Jause mitnehmen, denn schöne und aussichtsreiche Rastplätze gibt es auf dieser Wanderung zur Genüge. Nur bei sicherem Wetter gehen, dann allerdings ist die Kufstein Runde eine großartige und abwechslungsreiche Bergwanderung mit vielen Blumen und schönem Gipfelpanorama.

Der Schladminger-Tauern-Höhenweg

5 Tagesetappen, von Hütte zu Hütte

Dieser Höhenweg, der die alpinen Höhepunkte der Schladminger Tauern verbindet, ist Teil des bekannten Weitwanderweges „Zentralalpen Höhenweg 02". Von Hütte zu Hütte zu wandern, sein Gepäck mitzutragen, dem Wetter mehr oder weniger ausgesetzt zu sein und dabei einen Gebirgszug zu durchqueren ist sicher aufregender und unterschiedlicher als eine normale Tagestour. Die Etappen durch die Schladminger Tauern zählen wegen der geologischen Besonderheiten, dem Artenreichtum der Flora sowie der landschaftlichen Vielfalt zu den schönsten Wandertouren im weiten Umkreis. Maßgeblichen Anteil an der Schönheit der Landschaft hat hier das Element Wasser: mehr als 300 Bergseen, Wildbäche und Wasserfälle verlocken zum Verweilen, zum Schauen und prägen die einzelnen Wanderetappen. In idealer Entfernung voneinander befinden sich die jeweiligen Hütten-Stützpunkte, sie sind meist landschaftlich schön gelegen, sind an den gut frequentierten Knotenpunkten auch groß genug und ermöglichen auch den einen oder anderen zusätzlichen Gipfelanstieg während der gesamten Überschreitung. Ein weiterer Vorteil dieses Höhenweges: Man kann ihn jederzeit bei den Hütten abbrechen und in wenigen Stunden ins Tal absteigen, wo die meisten Ausgangspunkte an das Netz der Wanderbusse angeschlossen sind.

Die einzelnen Tagesetappen erfordern meist zwischen 5 bis 7 Gehstunden, manchmal auch etwas länger und führen oft an Seen vorbei. Bei den täglichen Übergängen über die diversen Scharten sind im Schnitt jeweils 1000 Höhenmeter im Auf- und Abstieg zu bewältigen. Grundsätzlich ist der Schladminger-Tauern-Höhenweg eine alpine Trekkingtour, die schon etwas Kondition und alpine Erfahrung voraussetzt und natürlich ändern sich die Gegebenheiten mit dem Wetter und den Jahreszeiten. So sind im Frühsommer oft Altschneereste zu queren, die große Vorsicht erfordern, und eine gute Planung und Wetterbeobachtung sollte selbstverständlich sein. Bei einer Vorreservierung in den Hütten kann man die einzelnen Tagesetappen sicher gelassener angehen, sich an den schönen Plätzen Zeit lassen und ohne Stress den Tag genießen und ausnützen. Für den Start und das

Der Schladminger-Tauern-Höhenweg

Ausblick von der Hochwurzen: Ramsau, Dachstein-Südwände und Scheichenspitze

Beenden dieses Höhenweges gibt es natürlich mehrere Varianten, je nach Lust, Laune und Wetter – ein Start in Schladming, dem Ausgangspunkt der meisten Wanderbuslinien, ist sicher vorteilhaft, weil man auch wieder leicht nach Schladming zurückkommt. Mein Vorschlag sind 5 Wandertage, sodass man etwas Zeit in Reserve hat und nicht auf Biegen und Brechen hetzen muss!

Wegbeschreibung:

Tag 1: Schladming als Ausgangsort hat sich bewährt, denn dort fährt der Wanderbus nach Rohrmoos, zur Hochwurzen-Bahn und auch weiter zur Ursprungalm, ein Wanderausgangspunkt für jene, die am ersten Tag noch nicht so viel Zeit haben. Von der herrlich gelegenen Ursprungalm am Fuße der Steirischen Kalkspitze wandert man in 1 Stunde bis zum Giglachsee und hat dort die Wahl zwischen zwei Hütten: die Giglachseehütte direkt am Beginn des Sees und die Ignaz-Mathis-Hütte, die noch ca. 30 Minuten weiter oberhalb des Sees liegt. Ansonsten gilt: mit dem Wanderbus zur Hochwurzen-Bahn und Auffahrt mit der Gondelbahn zur Hochwurzen Hütte. Dort beginnt die abwechslungsreiche Höhenwanderung zum Giglachsee – bei schönem Wetter eine ideale Einstimmung auf eine Höhenweg-Wander-

Von der Guschen zum Hochfeld, dahinter Steir. Kalkspitze

woche. Die Aussicht von der Hochwurzen ist schlichtweg großartig, Dachstein-Südwände und die weite Hochfläche der Ramsau dominieren im Norden und im Süden locken schon die nächsten Ziele wie das Roßfeld und die Guschen. Man geht ein paar Schritte bergab zu Niederen Wurzen, genießt auch dort den Blick in die Umgebung und verlässt diese natürliche Aussichtsplattform und wandert durch Latschengassen und Hochwald bergab zum Hüttecksattel. Dann zieht der Steig in vielen Serpentinen durch den Wald aufwärts bis an die Waldgrenze, vorbei an uralten Zirben und weiter auf den freien Rücken

Der Schladminger-Tauern-Höhenweg

des Roßfeldes mit 1919 m und einer tollen Aussicht. Der Weiterweg führt nun durch lichten Wald bergab, zwischendurch sieht man durch ein natürliches Bergfenster den Großglockner im Westen, bis zum Wegkreuz im Latterfußsattel 1792 m. Rechts zweigt der Weg zur Ursprungalm ab, wir aber nehmen den 773er-Weg und steigen an alten, besonders knorrigen Baumveteranen vorbei hinauf zur nächsten Anhöhe, der Guschen mit 1892 m. Natürlich ist auch hier die Aussicht reizvoll: Ennstal, Dachstein, Grimming und die nächsten Gipfel wie das Hochfeld beherrschen die Szenerie. Weiter führt der Steig an kleinen Tümpeln vorbei, über mit Latschen bewachsene Felsstufen, zur Kuppe des Schneider. Nun wird die Szenerie deutlich alpiner, auch der Steig, der jetzt über Felskuppen und Grate führt, erfordert Aufmerksamkeit. Am Westhang, unterhalb des Hochfeldgipfels, quert man bis

■ **Gehzeit:**
Hochwurzen–Ignaz-Mathis-Hütte, ca. 5–6 Stunden

■ **Höhenunterschied:**
ca. 740 Höhenmeter im Aufstieg, 500 Höhenmeter im Abstieg

■ **Stützpunkte:**
nur am Ausgangs- und Endpunkt

■ **Abstieg ins Tal:**
oberhalb des Sees westwärts bis zum Preuneggsattel und der Giglachseehütte (ca. ½ Std.), dann am Almweg in 50 Minuten bergab zur Ursprungalm – letzter Wanderbus gegen 17.00 Uhr.

Hochwurzen-Höhenweg zum Giglachsee

zur Edelweißwand (schmales Felsband – gesichert) und steigt auf bis kurz unterhalb des Schiedeck, wandert anschließend direkt am Grat leicht bergab bis zu einer Engstelle, einem natürlichen Eintritt in die wasserreiche Region unterhalb der Kamp-Spitze. An zwei Seen (der tiefer liegende ist der Brettersee) vorbei schlängelt sich der schmale Steig unterhalb der Kamp Spitze bergab und im leichten Auf und Ab weiter direkt nach Süden, bis man die Kante oberhalb des großen Giglach Kares erreicht und den Ausblick auf die nordisch anmutende Landschaft genießen kann. Markante Gipfel umgeben die beiden fjordartigen Giglachseen, dazwischen breiten sich grüne Almmatten aus und tiefer unten erblickt man schon die gemütliche Ignaz-Mathis-Hütte. Nun wendet sich das Steiglein nach Westen und man wandert fast eben oberhalb des Steilhanges bis zum Wegkreuz, wo der kurze, aber steile Abstieg in Serpentinen zur Ignaz-Mathis-Hütte hinunterführt. Die Znach Spitze, die Engelkar Spitze und die Vettern Spitzen liegen im Süden der Hütte gegenüber, im Westen stehen die beiden Kalkspitzen und im Osten grüßen bereits die Rotmandl Spitze und der Sauberg – dort führt die nächste Etappe hin. Zur Hütte: schöne Lage oberhalb des Sees mit Terrasse und gemütlicher Stube.
Gipfel zum „Mitnehmen": Beim Brettersee beginnt der Anstieg zur Kamp Spitze – nur Pfadspuren führen zuerst durch Almmatten, dann über felsiges Geröll unschwierig zum bizarr verwitterten Gipfel, 2390 m, Aufstieg ca. 40 Minuten und 150 Höhenmeter.

Tag 2: Über die Rotmandl Scharte zur Keinprechthütte

Diese Etappe ist nicht allzu lange, dafür aber landschaftlich besonders reizvoll.

Von der Ignaz-Mathis-Hütte aus folgt man dem Steig Nr. 776 hinunter zum Seeende. Für den schönen Blick über die vielen Buchten des Giglachsees und den beiden Kalkspitzen im Hintergrund sollte man sich hier auf der Kuppe bei der Almhütte Zeit nehmen. Ab dem Wegkreuz, hinter der Hütte, ist der 702er für den Höhenweg maßgeblich und dieser führt nun leicht bergan über einen grünen Rücken bis in das Vetternkar. Auf dem kleinen Plateau trifft man auf Ruinenreste alter Knappenbauten, lässt die beiden Knappenseen rechts liegen und beginnt nun den steilen Anstieg. In vielen Serpentinen zieht der Steig durch den Osthang mit der eigenartigen Färbung (unterschiedliche Erze) steil hinauf zur Rotmandl Scharte, 2453 m. Stellenweise ist der Steig nicht sehr stark ausgeprägt – also Vorsicht. Die Scharte vermittelt einen eindrucksvollen Ausblick, speziell zurück ins Giglachkar, aber auch hinunter zum Duisitzkarsee. Auch der Dachstein ist präsent, ebenso wie die nahe Vettern-Spitze. Der Weiterweg zur Krugeckscharte ist gut überschaubar und führt unterhalb des Sauberg

Giglachsee mit Ignaz-Mathis-Hütte, dahinter die Rotmandlscharte

Dachsteingruppe

und oberhalb des idyllischen Duisitzkares entlang. Im Frühsommer liegt hier sehr lange noch Schnee – also Vorsicht; hier sind Stöcke sicher hilfreich. Ohne Schnee befindet sich hier ein großes Geröllfeld, das ebenso mit Bedacht begangen werden muss. Die etwas tiefer liegende Krugeck-Scharte entschädigt mit einem großartigen Ausblick für die Mühen, speziell der Hochgolling beeindruckt mit seiner Riesenwand und tief unten im Kessel ist schon die Keinprechthütte sichtbar. Steile Serpentinen führen über den felsigen Rücken hinunter zum kleinen Hüttensee und dem Tagesziel, der Keinprechthütte. Mächtig und dunkel baut sich im Süden die Zinkwand auf, wo der Himmelskönigin-Stollen quer durch den Berg in das einsame Knappenkar führt. Hier in diesem Kar am Fuße der Zinkwand ist die Bergbauvergangenheit lebendig und wenn man sich vorstellt, dass vom

■ **Gehzeit:**
Ignaz-Mathis-Hütte–Keinprechthütte ca. 4 Stunden

■ **Höhenunterschied:**
ca. 530 m im Aufstieg, 580 m im Abstieg

■ **Stützpunkte:**
nur am Ausgangs- und Endpunkt

■ **Überlegung:**
Wer früh aufgebrochen ist und schon um die Mittagszeit die Keinprechthütte erreicht und eventuell dem Hochgolling-Gipfel liebäugelt, dem sei der Weiterweg bis zur Landawirseehütte empfohlen – das sind zwar noch einmal gut 3–4 Stunden, dafür aber könnte man am nächsten Tag bei gutem Wetter den Hochgolling-Gipfel mitnehmen. (Beschreibung siehe Tag 3.) Variante vom Giglachsee zur Keinprechthütte mit weniger Höhenunterschied: vom Wegkreuz am Giglachsee am Weg Nr. 775 fast eben zum Murspitzsattel, dann steiler Abstieg zum Duisitzkarsee mit den beiden einladenden Hütten. Der Weiterweg führt links vom See, kurz nach der kleinen Brücke, über den Hügel in den Wald und quert mit wenig Höhenunterschied, unterhalb des Duisitzer Hahnkamp, bis zur Neualm. Von dort ansteigend am Weg Nr. 774 zur Keinprechthütte.

■ **Höhenunterschied:**
370 Höhenmeter im Abstieg, 254 m im Aufstieg
Abstieg ins Tal: Keinprechthütte–Eschachalm (Wanderbus) ca. 2 Std.

Der Schladminger-Tauern-Höhenweg

Tauernszenerie

hoch gelegenen Stollen in der Zinkwand, im Frühjahr, die Knappen auf den mit Erz gefüllten Säcken in den Schneerinnen zu Tal gerutscht sind, bekommt man schon Respekt vor dieser gefährlichen Arbeit. In der kleineren, gemütlichen Keinprechthütte lässt es sich gut erholen, denn der nächste Tag erfordert wieder einen langen Anstieg.

Tag 3: Keinprechthütte – Trockenbrotscharte – Gollingscharte – Gollinghütte

Diese Tagestour hat es in sich, sie beginnt zwar moderat, dann aber warten einige steile Auf- und Abstiege. Von der Keinprechthütte wandert man fast eben am 702er zunächst durch das weiter Kar und dreht dann nach Osten, durchwandert im Bogen die weiten Zirbenböden am Fuße des Pietrach und steigt dann durch das felsige Gamsfeld steil und über viel Geröll hinauf zur Trockenbrotscharte in 2237 m. Ein toller Ausblick erschließt sich hier: Das von steilen Hängen und Gipfeln eingerahmte Kar mit der Landawirseehütte mitten im Kessel liegt rund 250 Höhenmeter tiefer. Der linke Höhenzug mit der nahen Sam-Spitze setzt sich bis zum Zwerfenberg und der Gollingscharte fort, rechts steigt der Grat zum Pietrach auf, aber beherrscht wird der Kessel von der riesigen Hochgolling Westwand gegenüber. Der

Abstieg zur Hütte führt an den beiden Landawirseen vorbei und beansprucht ca. 45 Minuten. (Für jene, die von der Ignaz-Mathis-Hütte bis zur Landawirseehütte gewandert sind, ist jetzt die Tagesetappe nach rund 7 Stunden reiner Gehzeit geschafft. Falls das Wetter mitspielt, steht am nächsten Tag einer Hochgolling-Gipfeltour nichts im Wege – Abstieg dann bis zur Gollinghütte.)

Für den Weiterweg zur Gollingscharte gibt es zwei Varianten: entweder Abstieg zur Landawirseehütte und am 702er zunächst Tal auswärts bis zum Wegkreuz im Göriachwinkel wandern und dann links in steilen Kehren (500 Höhenmeter) durch den Westhang des Hochgolling aufwärts in die Gollingscharte. Die andere Variante ist der „Höhenweg", eine anspruchsvolle Querung oberhalb des Göriachwinkels über steile Hänge: zu diesem steigt man zunächst von der Trockenbrotscharte ab bis zur Abzweigung Richtung Sam-Spitze und Höhenweg. Dieser Steig führt unterhalb der Sam-Spitze, Sand-Spitze und Zwerfenberg mit wenig Höhenunterschied Richtung Gollingscharte. Er ist teilweise ausgesetzt und (bei großen Altschneeresten besser nicht gehen!) man quert den langen, steilen Hang bis zur Schlucht unterhalb der Scharte. Dort trifft man auch auf den Steig von der Landawirseehütte und steigt steil durch die Schlucht zur Gollingscharte auf. Sie gewährt einen schönen Überblick in die Bergumrahmung dieses wasserreichen Kessels und rechts beginnt der Anstieg zum Hochgolling (Beschreibung siehe Hochgolling Gipfeltour). Gegenüber

■ **Gehzeit:**
Keinprechthütte–Gollinghütte über die Landawirseehütte ca. 7 Std., Route über Höhenweg ca. 6 Stunden

■ **Höhenunterschied:**
465 Höhenmeter im Aufstieg über Höhenweg und ca. 750 m im Abstieg. Über Landawirseehütte 700 Höhenmeter im Aufstieg und 930 m im Abstieg

■ **Stützpunkte:**
Keinprechthütte, UTM N 5236505, 33 401150; Landawirseehütte, UTM N 5236070, 33 403640; Gollinghütte, UTM N 5237725, 33 406945 – je nach Routenverlauf.

■ **Abstieg ins Tal:**
Gollinghütte–GH Riesachfall ca. 2 ½ Std., Wanderbus.

Brockengespenst unterhalb des Greifenbergs

der Scharte, im Osten, überblickt man die Berge rund um den Klafferkessel, unserem nächsten Tagesziel. Ostwärts schlängelt sich der Steig (702) steil, steinig (Geröllfeld) und in vielen Kehren hinunter in den Gollingwinkel. Das klingt kurz und dauert lang, denn immerhin liegt die Gollinghütte noch 700 Höhenmeter tiefer. Im Gollingwinkel beeindruckt nicht nur der Fussballplatz große, grüne, ebene Boden, sondern vor allem die 1200 m hohe Nordwand des Hochgolling. Über die Böden der Oberen Steinwender Alm geht es gemütlich bis zur Gollinghütte in 1641 m.

Tag 4: Durch den Klafferkessel zur Preintalerhütte
Dies ist die Königsetappe des Tauern Höhenweges. Unmittelbar vor der Gollinghütte, bei der Querung des Baches, weist die Markierung 702 zum Greifenberg. Der Steig führt zunächst nordwärts nicht sehr steil an den Abhängen des Rauhenberges entlang bis zur markanten Kehre. Nun führt der Pfad in südöstlicher Richtung steiler bergauf, um Felschultern herum und gewährt tolle Ausblicke zum Gollingwinkel und in die Golling-Nordwand. Je höher man kommt, umso steiler wird das Gelände. Der Osthang liegt morgens noch im Schatten, erst am Greifenbergsattel kommt man wieder in die Sonne und kann einmal ausrasten. Ein kleiner See liegt still und von Geröll umgeben im Sattel und hinter dieser Schwelle liegt tief unten der Lungauer Klafferkessel mit dem Lungauer Klaffersee und Zwerfenbergsee. In der Karte sieht man deutlich wie ein Netz von Wanderwegen aus allen Himmelsrichtungen zum Zwerfenbergsee heranführt, sich dort teilt und in den Bereich des Klafferkessels und Waldhorn weiterführt. Nicht weniger eindrucksvoll ist der Anblick zum Hochgolling gegenüber. Nach dieser Verschnaufpause inklusive Rundblick geht es am Grat die letzten 150 Höhenmeter über Blockhalden und Geröll hinauf zum Greifenberg-Gipfel in 2618 m Seehöhe. Jetzt kann man erstmals den gesamten Klafferkessel überblicken: im Süden und Osten blinken die Seen

des Lungauer Klafferkessels, im Norden liegt gut 300 m tiefer die flache Felsschale mit mehr als 20 größeren und kleineren Seen. Und zur Komplettierung des Panoramas wäre noch die Gipfelumrahmung zu erwähnen. Fast 250 m höher steht der Hochgolling im Westen über dem Greifenberg, gegenüber im Norden baut sich massig der breite Felsstock der Hochwildstelle mit dem von vielen Rinnsalen durchzogenen Trattenkar auf und daran anschließend begrenzt der grüne Zackengrat des Waldhorns die Seenplatte. Zeit lassen und schauen – das ist hier die Devise. Die Seen im Klaffer liegen auf unterschiedlichen Niveaus und weisen auch unterschiedliche Größen auf, aber sie liegen meist in flachen Mulden und sind von runden Rücken eingefasst – typische Erscheinungsformen, wie sie Gletscher hinterlassen. Der Abstieg zum Klafferkessel führt auf einem alpinen Steig um eine gesicherte Felsnase herum und dann in Serpentinen unterhalb der Klafferschneide bis zum Oberen Klaffersee. Der Pfad durch die Seenplatte ist markiert, auch mit Steinmandln und führt über blumenreiche Böden, dann wieder über Felsplatten an den verschiedenen Seen vorbei bis zur Unteren Klafferscharte. Bei gutem Wetter und falls Zeit bleibt, sollte man auch den tiefer gelegenen Seen im Wes-

Inmitten der Seenplatte im Klafferkessel Richtung Wasserfallspitze

Der Schladminger-Tauern-Höhenweg

Rauschende Bäche sind stete Begleiter am Tauern-Höhenweg.

- **Gehzeit:**
  Gollinghütte–Preintalerhütte,
  6–8 Stunden.
- **Höhenunterschied:**
  1000 Höhenmeter im Auf- und Abstieg
- **Stützpunkte:**
  nur am Ausgangs- und Endpunkt
- **Abstieg ins Tal:**
  ca. 2 – 2 ½ Stunden
  zum GH Riesachfall, Bushalte.

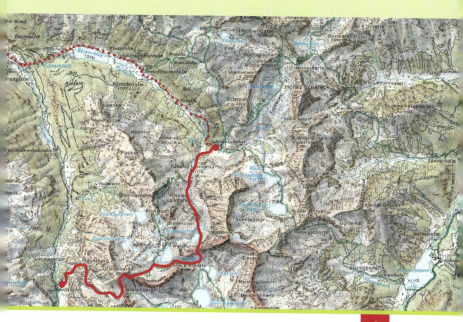

ten, wie Rauhenbergsee und Unterer Klaffersee, einen Blick schenken. Sie sind durch kleine Wasserfälle miteinander verbunden und sind oft bis weit in den Sommer mit Eis- und Schneeresten umgeben. Am auffälligen Felsdorn des Greifenstein verlässt man diese alpine Wasserwelt und steigt links vom Waldhorn in weitem Bogen durch das Innere- in das Äußere Lämmerkar ab. Viele kleine Bäche begleiten uns auf diesem Abstieg, überall rauscht und gluckst es, die Hänge sind wieder grün und der Steig führt über Felsschultern und moosige Böden hinunter zur Preintalerhütte und Waldhorn Alm. Auf einem Felsvorsprung, direkt am Bach, liegt die Hütte in einem großen Kar und von allen Seiten fließen Rinnsale herab; sie bilden die „wilden Wasser", die in Schladming in die Enns münden. Umgeben von hohen Gipfeln ist die Preintalerhütte ein zentraler Wanderknotenpunkt, ein Blick in die Karte zeigt die vielen Ziele und Möglichkeiten dieses Wandergebietes.

Tag 5: Über die Trattenscharte und Goldlacken zur Breitlahnhütte
Diese lange Tagesetappe ist landschaftlich ausgesprochen schön, ruhiger und einsamer als die bisherigen Routen und führt bis in das Kleinsölktal. Aber zunächst steht wieder einmal ein langer Anstieg an. Man quert den Bach und folgt der Markierung 702 ab dem Wegkreuz nach rechts, während der Steig Nr. 782 links abzweigt und sowohl Richtung Neualmscharte und Hans Wödl Hütte führt als auch Richtung Höchstein und als Höhenweg bis zur Planai. Am östlichen Abhang des Schneider und Himmelreich schlängelt sich der Steig durch die wasserreiche Landschaft im Trattenkar zunächst steil bergan. Kleine Wasserfälle, Bäche und Seen sind allgegenwärtig. Erika, Moose und vielfärbige Moospolster zieren die Wasserläufe und im Frühsommer blüht hier verschwenderisch der Almrausch. Je nach Jahreszeit trifft man hier auch auf Eis und Schnee und die Schneeumrahmung beim Trattensee hat mir einmal zu einem wirklich guten Bild verholfen. Im Hintergrund bilden das Kieseck und das Waldhorn mit den beiden Sonntagskarseen eine schöne Kulisse, während die Hochwildstelle riesig aufragt.
Über Blockwerk und Felsstufen erreicht man aus dem Trattenkar die Wildloch Scharte, wo der Zustieg zum Südgrat der Hochwildstelle beginnt. Hier haben wir mit 2408 m den höchsten Punkt dieser Tagesetappe erreicht, haben bereits 800 Höhenmeter im Aufstieg geschafft und könnten bei der etwas tiefer liegenden kleinen Seenplatte eine Rast einlegen. Man zweigt beim Wegkreuz rechts ab (702) und wandert nun leicht bergab über eine große Blockhalde durch die Trat-

Der Schladminger-Tauern-Höhenweg

Bei den Goldlacken unterhalb der Trattenscharte

- **Gehzeit:**
  5 ½ bis 6 ½ Stunden, Unschwierig, jedoch bei Nässe, Eis und Nebel gefährlich.
- **Höhenunterschied:**
  750 Höhenmeter im Aufstieg,
  1340 Höhenmeter im Abstieg!
- **Stützpunkte:**
  nur am Ausgangs- und Endpunkt
- **Zurück zum Ausgangspunkt in Schladming:**
  private Abholung oder Tälerbus, der während der Sommermonate verkehrt (Auskunft im Naturpark Sölktäler, Tel. +43 3685 23180).

tenscharte Richtung Goldlacken. Kleine Seen inmitten einer von runden Buckeln geprägten Felsschale mit schöner Aussicht, das sind die „Goldlacken". Und hier gabelt sich der Höhenweg ein weiteres Mal: nach Norden biegt der Steig zum Stierkarsee und in das Sattental ab, nach Südosten führt der 702er ins Kleinsölktal, zur Breitlahnhütte. Zunächst geht es über einen Grassattel und in südöstlicher Richtung, auf einem meist seitlich geneigten Steig oberhalb steiler Felswände, immer weiter bergab. Über dem Steig ragt der Gipfel des Hohen Schareck auf und im weiteren Verlauf das Abstieges kommt man bei einem eigenwillig geformten Felsblock, dem Karlkirchen, gegenüber vom Stummerkessel-Spitz, vorbei. Nach einem kurzen Gegenanstieg quert man mit Latschenfeldern bedeckte Hänge, erfrischt sich an kleinen Wasserfällen und erreicht steil über Grashänge absteigend die Almregion und die erste, unbewirtschaftete Hütte. Durch ausgedehnte Almrauschfelder geht es weiterhin steil hinunter bis zur Waldgrenze und durch lichten Bergwald zur bewirtschafteten Lassachalm. Entweder am Almweg oder am steilen Waldsteig über viele Kehren hinunter zur Breitlahnhütte am Schwarzensee Bach.

Wasserreichtum in der Nähe der Breitlahn-Hütte

Der Schladminger-Tauern-Höhenweg

Tauernjause: Butterbrot mit Steirerkas

■ **ÖK-Nummer/Titel:**
Österreichische Karte des Bundesamtes für Eich- und Vermessungswesen Nr. 127/128

■ **Varianten ab Preintalerhütte, um den Höhenweg zu beenden:**
Der schnellste Abstieg führt über den Riesachsee und den Riesach-Wasserfall zum P Seeleiten + Wanderbus, 2 – 2 ½ Std.
Lang ist der Weg über den Höhenweg zur Planai (6 Std.) – Abstieg nach Schladming mit der Gondelbahn.
Die dritte Variante führt zur Neualmscharte und über den Ober-, Hütten- und Bodensee zum P „Steirischer Bodensee", ca. 6 – 6 ½ Std., Wandertaxi ins Ennstal.

■ **Hütteninformationen entlang des eben vorgestellten Höhenweges:**
Hochwurzen Hütte, 1852 m,
Tel. +43 3687 61177
Ignaz-Mathis-Hütte am Giglachsee, 1986 m, Tel. +43 3687 61251
Giglachseehütte, 1956 m,
Tel. +43 664 9080188
Keinprechthütte, 1872 m,
Tel. +43 3687 61281
Landawirseehütte, 1985 m,
Tel. +43 676 7785375
Gollinghütte, 1643 m,
Tel. +43 676 5336288
Preintalerhütte, 1657 m,
Tel. +43 664 1448881
Breitlahnhütte, 1070 m,
Tel. +43 3687 61321

■ **Wanderbuslinien:**
Schladming–Rohrmoos–Hochwurzenbahn–Preuneggtal–Ursprungalm
Schladming–Rohrmoos–Obertal–Eschachalm (Ausgangspunkt für Keinprechthütte)
Schladming–Rohrmoos–Untertal–Riesachfall/P Seeleiten (Ausgangspunkt für Golling- und Preintalerhütte).

■ **Wandertaxi:**
ab Haus i. E. oder Aich-Assach / www.haus.at

■ **Info:**
TV Haus, Tel. +43 3686 2234-34 (Montag bis Freitag), +43 664 2004444 an Samstag, Sonntag und Feiertagen. Tägliche Abholung im Gumpental um 16.30 Uhr. Transfer bis ausschließlich Talstation Tauernseilbahn in Haus.

■ **Seilbahnen:**
Planai Seilbahn Schladming –
Tel. +43 3687 22042
Hochwurzen Seilbahn – Rohrmoos –
Tel. +43 3687 22042
Tauern Seilbahn Haus i. E. –
Tel. +43 3686 2287

Dachstein-Rundwanderweg

8 Tagesetappen, von Hütte zu Hütte

Dieser Rundweg erschließt die landschaftliche Schönheit und Vielfalt des Dachstein, das „Schaustück der Nördlichen Kalkalpen". 1997 wurde die Berglandschaft des Dachstein mit Hallstatt von der UNESCO in die Liste „Weltkulturerbe" aufgenommen, eine besondere Auszeichnung für diese Bergpersönlichkeit, den „Dachstein", über den drei Landesgrenzen verlaufen. Schroffe, bleiche Felsen über grünen Almen, bizarre Zacken, Türme und gewaltige Wände, Gletschereis und einsame Hochflächen, Urwälder und Aussichtskanzeln, geheimnisvolle Karstquellen und spiegelnde Bergseen prägen die Eindrücke bei einer Wanderung rund um diesen dominanten Kalkstock. Spannend ist, dass man während der Wandertage rund um den Dachstein auf den Spuren bedeutender Menschen unterwegs ist. Maler und Schriftsteller, Forscher und adelige Mäzene, Bergsteiger, Kletterer und Höhlenforscher, Bergleute und Handwerker – sie alle bieten eine lohnende Spurensuche und verleiten zu einem Blick „über den Tellerrand" – also nicht nur den Berg sehen, sondern auch daran denken, dass man auf den Spuren der Bibel- und Salzschmuggler unterwegs ist, dass Dialekte, Trachten und Brauchtum zwischen der Nord- und Südseite sehr unterschiedlich sind und, und, und … Mein Vorschlag für eine Umrundung des Dachstein erfolgt entgegen dem Uhrzeigersinn, da die landschaftlichen Höhepunkte sich so harmonischer in die Route einfügen. Wobei man ja nicht die ganze Runde unbedingt in einem Stück absolvieren muss, sondern sie auch aufteilen kann, je nach Wetter und der zur Verfügung stehenden Zeit. Die Route führt auf bestehenden Wegen rund um den Dachstein und an den wichtigen Knotenpunkten sind zusätzlich die Schilder „Dachstein-Rundwanderweg" angebracht. Natürlich gibt es auch links und rechts der Route Varianten und besondere Zuckerln – die sind natürlich stark von der Kondition und der Neugierde des Einzelnen abhängig – Hinweise darauf werde ich bei den jeweiligen Tagestouren geben. Auch Anregungen zu den Geschichten, Sagen, Persönlichkeiten und Wissenswertes werden nicht fehlen, weil diese einfach untrennbar mit dem Dachstein verbunden sind. Ähnlich wie beim Schladminger-Tauern-Höhenweg sind auch beim Dachstein-Rundwanderweg die Tagesetappen unterschiedlich lang und anstrengend, die Hütten meist schön und aussichtsreich gelegen

Dachstein-Rundwanderweg

Der Dachstein oberhalb vom Gosausee, mit Gosau- und Torsteingletscher

und auch die Abstiege in das Tal bei einem raschen Abbruch sind gut machbar. Wichtig: Die täglichen Gehzeiten betragen zwischen 5 und 8 Stunden, mit maximal 1000 m Höhenunterschied. Tadellose Nächtigungsmöglichkeiten gibt es ebenfalls. Die beste Jahreszeit ist ab Mitte Juni bis Mitte Oktober. Informationen zu dieser Trekkingtour gibt es im Internet, wo auch buchbare Packages mit Gepäcktransport zwischen den einzelnen Etappen angeboten werden, aber auch ein kleiner spezieller Wanderführer mit etwas mehr Hintergrundmaterial kann bestellt werden. (Siehe am Ende der Runde bei Informationen.)

Wegbeschreibung:
Tag 1: Gosausee – Hofpürglhütte:
　　　　Am Austria Weg am Fuße des Gosaukamms zur
　　　　Hofpürglhütte unterhalb der Bischofsmütze

Ein idealer Ausgangspunkt für den Dachstein-Rundwanderweg ist Gosau und der Gosausee. Am großen Parkplatz in der Nähe des Gosausees und der Gosaukammbahn ist Platz für das Auto (Busverbindung ab Gosau) – zu Fuß geht man fast 3 Std. am Gosauer Panoramaweg bis zum See. Der Gosausee ist ein attraktiver Wanderknotenpunkt und der dunkelblaue See und der bleiche Dachstein bilden ein eindrucksvolles Panorama und einen würdigen Auftakt. Am linken Seeufer führt der traditionelle Weg zur Adamekhütte am Fuße des Gosaugletschers. Rechts dagegen beginnt der Aufstieg hinauf zum Steiglpass und zur schön gelegenen Zwieselalm – dieses Teilstück kann man auch mit der Gondel der Gosaukamm Bahn zurücklegen, denn die Tagesetappe ist noch lang und so kann man sich 580 Höhenmeter ersparen. Auf der Alm, bei der Gablonzer Hütte, bietet sich das nächste Schaubild. See und Dachstein ergeben ein wunderschönes Ensemble, das vom Zackengrat des Gosaukamms eingerahmt wird. Am Weg 611, dem Austriaweg steigt man über die Almwiesen bergan bis zum Oberen Törlecksattel. Wuchtig und steil überragt der Donnerkogel die Almwiesen; am Sattel wendet sich der Weg nach Osten und führt nun leicht bergab an den teils felsigen Südwestabhängen des Großen Donnerkogels entlang. Im wahrsten Sinne des Wortes geht es über Stock und Stein, durch Latschengassen und lichtem Wald bis zur den grünen Wiesen rund um die Stuhlalm. Im Süden, ca. 30 Gehminuten entfernt, liegt die Theodor-Körner-Hütte inmitten einer blumenreichen Umgebung – ein idealer Standort, um die vielen Gipfel im Bereiche des Gosaukamms zu besteigen. Der weitere Weg ist abwechslungsreich: kurz vor der Th.-Körner-Hütte zweigt der Austria Weg links ab und dann erwartet uns ein Steilstück – durch Latschengassen und über Felsblöcke steigt man steil (teilweise Stahlseil) durch das Stuhlloch, ca. 130 Höhenmer, bergauf zum Jöchl. Im Anschluss schlängelt sich der Steig im leichten Auf und Ab entlang grüner Flanken, man umgeht Felsblöcke, durchwandert Latschengassen und hat immer wieder grandiose Ausblicke zu den Hohen Tauern und den Gipfelzacken des Gosaukamms. Die Felstürme des Mandlkogels, der Großwand und die gewaltigen Abbrüche der Bischofsmütze beherrschen dieses Wegstück. Oberhalb der Sulzkaralm (kurzer Abstieg – nette Jausenstation) führt nun der aussichtsreiche Steig am Fuße der Bischofsmütze um eine Biegung und man hat erstmals den massigen, weißen Felsklotz des Torstein vor sich und im Blickfeld und kann auch schon das Etappenziel, die Hofpürglhütte, erkennen. Im Frühsommer ist dieser Bereich im Umfeld des Marchstein das wahrste Blumenparadies und angefangen von den violetten Soldanellen und den weißen Schneerosen bis zu den gelben Trollblumen und den weißen Blüten des narzissenblättrigen Windröschens gibt es noch viele andere Blumen zu entdecken. Später im Jahr sind dann

■ **Gehzeit:**
Aufstieg vom Gosausee zur Gablonzer Hütte ca. 1 bis 1 ½ Std., 580 Höhenmeter Aufstieg oder Auffahrt mit der Gosaukamm Bahn.
Gablonzer Hütte (1552 m) zur Hofpürglhütte (1705 m): mäßiger Höhenunterschied, aber ständiges Auf und Ab, ca. 5 Std.

■ **Stützpunkte:**
Gablonzer Hütte, UTM N 5265520, 33 385595, Tel. +43 6136 8465
Stuhlalm, Sulzkaralm
Hofpürglhütte, UTM N 5259815, 33 388435, Tel. +43 6453 8304
Weg Nr.: 620, 601, 611

die roten Alpenrosen beherrschend. Die Hütte liegt aussichtsreich auf einem Logenplatz unterhalb des mächtigen Doppelgipfels der Bischofsmütze in 1705 m, bietet vielen Gästen Platz, hat Klettersteige in unmittelbarer Umgebung und ist auch leicht von Filzmoos und über die Hof- und Aualm zu erreichen.

Variante zum weißen Gipfel – Großer Donnerkogel, 2055 m

Er ist der nördliche Eckpfeiler des Gosaukamm, nicht der Höchste, aber ein eindrucksvoller Gipfel inmitten der vielen Zinnen und Spitzen dieser fast 200 Millionen Jahren alten Riffkalke.

Aufstieg vom Gosausee bis Gablonzer Hütte und Unteren Törlecksattel wie gehabt. Es gibt allerdings auch einen schönen Klettersteig ab Gablonzer Hütte zum Gr. Donnerkogel-Gipfel. Der Steig Nr. 628 zum Gipfel weicht zunächst einer Felsnase aus, führt kurz bergab und quert dann ansteigend die zunächst grasige Westflanke des Gr. Donnerkogels. Über Schutthalden, durch Latschen und über felsige Stufen steigt man höher zur nächsten Felspassage. Hier hat vor Jahrzehnten ein Feuer in den Latschen gewütet – Asche, Erde und stark abgerundete Steinklippen erfordern Aufmerksamkeit, speziell bei Nässe. Über erdige Karren und Felsplatten steigt man links durch ein Rinne auf bis zum Gipfelgrat und Gipfel. Der Ausblick ist allerdings wirklich sehenswert: hinter den vielen, wilden, kalkbleichen Zacken des Gosaukamms zeigt der Dachstein seine nördlichen Gletscher, die von schönen Karen und Graten eingefasst sind. Nach Norden bricht der Gr. Donnerkogel senkrecht zu den Schuttkaren ab und im Westen schaut man zum Tennengebirge und auf die Berchtesgadener Alpen. Die folgende Überschreitung vom Donnerkogel bis zur Stuhlalm ist ein wirkliches Schmankerl für trittsichere und schwindelfreie Bergsteiger: rot markiert, Nr. 631, mit Stahlseilen gesicherte Passagen. Vom Gipfel des Gr. Donnerkogels kurz am Anstiegsweg absteigen bis zu einem eher unauffälligen Wegweiser nach links. Zunächst geht es leicht absteigend zu einem Latschenfeld, dann am Grat seilversichert hinunter in das Kar und am Gegenhang wieder hinauf. Insgesamt sind drei derartige, rund 80 m hohe Abstiege zu bewältigen. Der Steig verläuft teilweise direkt am Grat, bietet gewaltige Tiefblicke und führt rot markiert zwischen Latschen steil entlang von Felstürmen (Seilsicherung) bergab in die Strichkogelscharte und weiter in das weite Halbrund des Tiefenkar. Von dort durch Latschenfelder, geradeaus hinab bis zur gemütlichen Stuhlalm, schöner Rastplatz . Ab der Stuhlalm wie vorgestellt weiter am Austria Weg zur Hofpürglhütte.

Abstieg: ca. 900 m, Gehzeit ab Gablonzer Hütte über Großen Donnerkogel zur Stuhlalm ca. 3 ½ Std., ges. rund 6 ½ bis 7 Std.

Tag 2: Hofpürglhütte – Dachstein Südwand Hütte (Bibelsteig), teilweise Linzer Weg

Von der Hofpürglhütte wandert man am Steig Nr. 612 unterhalb der imposanten Felsen der Bischofsmütze nur leicht ansteigend oberhalb der Kesselwand in ein riesiges Kar, wo der Weg zum Steigpass und Gosausee abzweigt. Nun sind wir auf dem Linzer Weg Nr. 601 unterwegs und es geht nur mäßig ansteigend über große Schutthalden unterhalb der Gosaustein-Wandfluchten entlang bis zum Rinderfeld. Im Frühsommer sind auf diesem Wegstück noch meist ausgedehnte Schneehalden zu queren. Der Weiterweg durch das Rinderfeld ist schön kupiert, liegt oberhalb der Waldgrenze und man hat eine prachtvolle Aussicht nach Süden und zurück zur Bischofsmütze. Im Osten dagegen beherrscht der massige Felspfeiler des Torstein das Umfeld dieser sonst eher lieblichen Almlandschaft. Zwischen den Hügeln und schmalen Bachläufen zweigt links der hochalpine Weg zum Reißgangsattel ab, der Richtung Adamekhütte und Gosaugletscher weiterführt, während unser Weg nunmehr in Richtung Südwand Hütte mit der Nr. 617 markiert ist. Der Steig schlängelt sich über weite Almböden, steigt sanft zu Kuppen auf und führt dann wieder durch eine Steinwüste mit knorrigen Baumveteranen und Latschen. Zur Linken sind die Felswände des Hochkesselkopf präsent und man wandert nun in weitem Bogen nach Süden und steigt anschließend den steilen Hang zur Sulzenschneid mit dem mächtigen Gipfelkreuz hinauf. Das ist ein aussichtsreicher Rastplatz mit Panoramablick zu Bischofsmütze und Dachstein. Im Süden steht der Rötelstein ganz nahe und auch das Tor, unser nächstes Ziel, ist schon gut sichtbar. Durch Latschengassen steigt man kurz ab bis zum Wegkreuz oberhalb des Sulzenhals. Geradeaus geht es zum Sulzenhals, mit Abzweigungen zum Rötelstein, Wallehenalm und Bachlalm. Links, Richtung Osten, windet sich nun der 617er-Steig durch das weite Windlegerkar, quert dann leicht ansteigend das gewaltige Schuttkar unterhalb des Windlegergrates und führt anschließend leicht steigend bis zum Tor, einem natürlichen Einschnitt zwischen Raucheck rechts und dem Sockel des Torstein links. Die gewaltigen Felswände von Torstein, Mitterspitze und Dachstein prägen dieses Wegstück (Pernerweg), während man nun in kurzen Serpentinen den steilen Hang (230 Höhenmeter) hinuntersteigt und dann am Torboden zwischen großen Felsblöcken, Blumenpolster und Geröll fast eben in Richtung der schon sichtbaren Dachstein-Südwand-Hütte wandert. Dieser Abschnitt hat einen ganz eigenen Charakter: Unterhalb dieser ungeheuerlich Felswände schlängelt sich der Steig durch ein fast ebenes Steinfeld, wird im Süden durch den wildreichen Marstein eingefasst und fordert doch vol-

Dachstein-Rundwanderweg

Am Rinderfeld mit Blick zur Bischofsmütze

le Aufmersamkeit aufgrund des „steinreichen" Geländes. Der letzte Anstieg zur Südwand Hütte ist nach diesem langen Wandertag auch noch einmal fordernd – aber dann ist es geschafft und die Aussicht von der Hüttenterrasse ist großartig. Wer hier übernachten möchte, sollte sich zuvor telefonisch anmelden. Eine weitere Möglichkeit, um zu übernachten, sind die Hotels im Bereich der Dachstein-Gletscherbahn-Talstation, die noch 30–40 Gehminuten leicht bergab entfernt liegen. Vorteil: Für die nächste Etappe geht es mit der Gondelbahn hinauf zum Gletscher auf 2700 m – und die Hotels Türlwand, Hunerkogel und Dachstein liegen im unmittelbaren Bereich der Talstation in 1700 m, man erspart sich dann am Morgen den Abstieg ...!

■ **Gehzeit:**
Hofpürglhütte–Dachstein Südwand Hütte: ca. 6–8 Stunden

■ **Höhenunterschied:**
2 kurze, aber steile Anstiege (Sulzenschneid und Südwand Hütte). Abstieg vom Tor: 230 Höhenmeter.

■ **Keine Stützpunkte zwischendurch – möglicher Abbruch:**
Bachlalm, unterhalb vom Sulzenhals.

■ **Abstieg ins Tal:**
Linienbus ab Türlwand (Gletscherbahn Talstation) nach Ramsau, letzter Bus gegen 17.00 Uhr.

■ **Tipp:**
Während der Gegenreformation haben die evangelischen Ramsauer ihren „Bibel-Nachschub" über diese Wege durchgeführt. Man lebte nach dem Motto: „Evangelisch sein und katholisch scheinen." Für die Ausübung des Glaubens brauchte man die Bibel. Die Gosauer hatten damals gute Handelsbeziehungen in den Süddeutschen Raum und organisierten von dort den Bibel Nachschub. Schmuggel deswegen, weil auf den Besitz einer Bibel hohe Strafen standen – daher war man eben auf weit abgelegenen, heimlichen Pfaden unterwegs zwischen Ramsau und Gosau.

Tag 3: Dachstein Südwandhütte oder Türlwand Talstation Gletscherbahn

Auffahrt zum 2700 m hohen Hunerkogel. Gletscherwanderung zum Guttenberghaus, 2146 m.

Die ersten beiden Tagesetappen waren ident mit dem Ramsauer Bibelsteig, einem Schmugglerpfad, auf dem während der Gegenreformation unter hohen Gefahren Bibeln in die Ramsau geschmuggelt wurden. Die 3. Etappe ist hochalpin und führt über den Gletscher und die Karsthochfläche am Stein zum Guttenberghaus. Die Dachstein-Gletscherbahn fährt ab 8.00 Uhr, mit Ausnahme vom Dienstag, wo ab 5.00 Uhr Früh die „Sonnenaufgangs-Gondeln" fahren (Anmeldung erforderlich). In nur 7–8 Minuten überwindet die Gondelbahn 1000 Höhenmeter hinauf zum Hunerkogel am Gletscherrand in 2700 m Seehöhe. Zu Fuß führt der Anstiegssteig Nr. 615 ab der Südwandhütte durch das Kar der Schwadering und dann als gesicherter Steig durch die Felsen der Hunerscharte zum Gletscher. Grundsätzlich ist die Wanderung zum Guttenberghaus nur 4–5 Stunden lang, daher besteht die Möglichkeit, zusätzliche Gipfel „mitzunehmen". Da wäre zum Beispiel der Hohe Dachstein und der Gjaidstein. Beide Gipfelanstiege sind in den Kapiteln zuvor ausführlich vorgestellt worden. Auch die Variante durch das Landfriedtal mit einer eventuellen Gipfelbesteigung der Scheichenspitze ist im Bereich des Möglichen – siehe Scheichenspitze. Zu guter Letzt besteht auch die Möglichkeit über den Ramsauer Klettersteig und die Scheichenspitze zum Guttenberghaus zu gelangen – habe ich ebenfalls schon ausführlich beschrieben. Die Gletscherwanderung sollte man nur bei sicherem und gutem Wetter durchführen, weil die Orientierung bei schlechter Sicht schwierig ist. Unmittelbar beim Hunerkogel-Eispalast folgt man dem Schneeweg Richtung Norden zum Gjaidstein, quert die Lifttrasse und steigt anschließend an der linken Flanke des Gjaidstein entlang des Schleppliftes bergab nach Osten. Die Markierungs Nr. ist 674 – wer zeitig unterwegs ist, sollte nach kalten Nächten vorsichtig sein, falls der Schnee noch hart ist. Als Orientierung dienen die Farbkleckse auf den Felsen und die Schneestangen. Besondere Vorsicht ist dort angebracht, wo Schnee und Felsen zusammentreffen – dort bricht man leicht ein! Links vom Sessellift wandert man durch das geröllige Kar bergab bis zur Talstation und wendet sich dann nach rechts, nach Südosten. Über karge, aber sanfte Anhöhen und durch weite Mulden schlängelt sich der Steig Richtung Landfriedstein. Je nach Jahreszeit sind die Mulden noch mit Schnee gefüllt oder begleiten kleine Blumenpolster den Steig. Im Osten setzt sich diese eigenwillige Karstlandschaft fort, im Norden sind die Gipfel des Toten Gebirges sichtbar

Dachstein-Rundwanderweg

Dachstein-Südwände in der Nähe der Südwand-Hütte

und im Süden sind die dunklen Nordabstürze des Koppenkarstein beherrschend. Sobald man den Felsklotz des Landfriedstein umrundet hat, kommt die Scheichenspitze in Sicht und bald ist dann auch die Feisterscharte, hinter dem Eselstein, erreicht – ein Knotenpunkt, an dem sich die Wege über die Hochfläche „Am Stein" verzweigen – nach Norden zum Krippenstein, nach Osten zum Stoderzinken und nach Süden zum Guttenberghaus und zur Ramsau. In weniger als 30 Minuten Abstieg ist die gastfreundliche Hütte, die schön zwischen Eselstein und Sinabell eingebettet liegt, erreicht. Auf jeden dieser beiden Gipfel führt mittlerweile ein Klettersteig – also langweilig wird es hier eher nicht. Ein Abstieg in die Ramsau dauert ungefähr 2 Stunden, sie liegt 1000 m tiefer. Die Aussicht vom Guttenberghaus geht nach Süden zu in die Niederen Tauern.

Variante: Bei nicht so schönem Wetter kann man anstelle der Wanderung über den Gletscher auch über die Ramsau das Guttenberghaus erreichen. Dazu wandert man am schönen, traditionellen 5-Hütten-Weg hinunter in die Ramsau (man kann auch mit dem Bus fahren), geht dort am ebenen Panoramaweg Nr. 1 oberhalb von Ramsau Ort bis zum Hotel Feisterer und steigt dann auf zum Guttenberghaus. Gehzeit: ca. 5 Stunden. 550 Höhenmeter im Abstieg und 1000 m im Aufstieg. Alternative: Bus ab Türlwand bis Ramsau Kulm, von dort in 20 Minuten bis zum Ausgangspunkt beim Hotel Feisterer und 1000 Höhenmeter Aufstieg zum Guttenberghaus.

■ **Gehzeit:**
ca. 4–5 Stunden. Höhenunterschied: von 2687 m auf 2146 m absteigen. Kein Stützpunkt dazwischen! Genug Getränke mitnehmen und natürlich Wetterschutz, Sonnenbrille etc.

■ **Bei schlechtem Wetter:**
Orientierungsschwierigkeiten!

Tag 4: Über die Almen am Stein bis zum Stoderzinken

Ist man an den ersten beiden Tag von Westen kommend auf den Dachstein zugewandert, so stand die dritte Etappe ganz im Banne des Dachstein. Schon der Schlusspunkt bei der Dachstein Südwand Hütte vermittelt einen besonderen Eindruck, denn dort steht man ganz nahe unterhalb der riesenhaften Südwände. Und die Auffahrt mit der Gletscherbahn ist ebenfalls spektakulär, die Aussicht von der Bergstation grandios und dazu der Gletscher ... da ist man dem Dachstein in seiner Gesamtheit wirklich nahe. Während der Wanderung über den Gletscher und dann über die verkarstete Hochfläche entfernt man sich zwar vom Dachstein, aber auch diese eigenwillige Landschaft im Osten mit den unzähligen Kuppen, Mulden, Felskaren, Latschenfeldern und Wäldern ist untrennbar mit dem Dachsteinmassiv verbunden. Das lebensnotwendige Salz wurde von Hallstatt von den Ramsauern gegen selbstgebrannten Vogelbeer-Schnaps eingetauscht und auf heimlichen Wegen über die unwirtliche Hochfläche getragen. Viele Geschichten über Wilderer haben sich „Am Stein" zugetragen und auch heute noch haben die Ramsauer Bauern Weiderechte dort oben, obwohl Teilbereiche bereits zum Land Oberösterreich gehören.

Die folgende, sehr abwechslungsreiche, aber auch lange Tour bis zum Stoderzinken eröffnet ein neues Landschaftskapitel. Vom Guttenberghaus steigt man gleich wieder auf bis zur Feister Scharte und dem Wegkreuz. Ein letzter Blick gilt der Hütte und den Tauern, dann wendet man sich nach Osten und folgt dem Steig Nr. 618 der zunächst am Nordabhang des Sinabell weiterführt. Vor uns breitet sich ein fast endloses Gewoge von grauen Rücken und grünen Mulden aus. Nach einer Stunde Gehzeit schlängelt sich dann der Steig durch grobes Blockwerk und eine wilde Gegend oberhalb des Höllgraben Sees. Dieser liegt in einer tiefen Mulde nördlich des Weges, leuchtet oft smaragdgrün und ist während der Blüte der Alpenrosen eine besondere Idylle. Im Grubach zweigt der Weg Nr. 619 ab und führt steil hinunter in das Silberkar, zur gleichnamigen Hütte und Klamm und weiter in die Ramsau, zur Lodenwalke in Rössing. Unser Weg aber führt hoch oben durch die Luserpfanne weiter zur Grafenbergalm über Felsbuckel, Latschenhalden, Blumenmatten, Zirben- und Lärchenbestände und auch um manche Felsmauer herum. Diese Landschaft am Stein, die von Weitem eher einförmig aussieht, weist im Nahbereich eine unwahrscheinliche Fülle von Landschaftsformen auf. Nach 2 ½ bis 3 Stunden Gehzeit erreicht man den reizvollen, grünen Almkessel. Die kleine Almhütte dient nun schon seit mehr als 35 Jahren dem Hirten und Literaten Bodo Hell als Sommerunterkunft; Pferde, Ziegen, Rinder und seine Hühner teilen sich mit ihm dieses Refugium. Es gibt kaum Wasser in dieser Gegend – auch Bodo Hell muss seinen Bedarf an Wasser von einer Quelle, die 20 Minuten von der Hütte entfernt liegt, holen. Die Alm ist auch ein Wanderknotenpunkt: Weg 666 kommt von Weißenbach und quert die Hochfläche, 667 führt auf den Kufstein, 668 führt über den Grafenberg- und Ahornsee nach Weißenbach und unser 618er folgt dem schmalen Steig auf eine kleine Anhöhe, von der aus man noch einmal im Hintergrund die Schneefelder des Dachstein sieht, tief unten eingebettet von Zirben den Grafenbergsee und vor uns taucht schon der Stoderzinken in der Ferne auf. Diese Almmatten rund um die Grafenbergalm sind äußerst blumenreich und im Frühsommer bis weit in den Juli hinein blühen hier die Alpenrosen – das ist auch die schönste Wanderzeit, wobei man schon auf die Gewitter achten muss! Der Weiterweg ist attraktiv: Es geht durch sanft kupierte Mulden, über kleine Anhöhen, durch bewaldete schmale Schluchten und entlang von Felswänden. Einmal hat man einen herrlichen Tiefblick auf den lärchenumsäumten Ahornsee und danach windet sich der Pfad meist durch einen lichten Lärchenwald. Im Bereich der Wiesmahd zweigt der Weg zur Notgasse links ab, während wir nun auf einem Wurzelsteig im Wald zur Brünnerhütte aufsteigen. Auch dort kann man übernachten – bis zum Alpengasthof Steiner sind es nur noch 20 Minuten leichten Anstieges. Dieses beliebte Ausflugsziel ist von Gröbming aus mit einer 12 km langen, schönen Höhenstraße verbunden. 20 Minuten Gehzeit entfernt ist das idyllisch, scheinbar mitten in der Felswand klebende Friedenskirchlein mit einer grandiosen Aussicht. 1 Stunde entfernt ist der Stoderzinken Gipfel, „die" Aussichtskanzel zu Dachstein, Tauern und Grimming (siehe Gipfeltour). Also wer noch Kondition hat, dieser Gipfel ist es wert – aber auch die Zimmer im Alpengasthof bieten herrliche Aussichten und auch Duschen – vom guten Essen ganz zu schweigen.

■ **Gehzeit**
vom Guttenberghaus: 6–7 Stunden

■ **Höhenunterschiede:**
276 m im Aufstieg und 550 Höhenmeter im Abstieg – ungefähr.

Stützpunkte:
unterwegs gibt es keine, ebenso kein Wasser. Auf die Markierungen achten!

Tag 5: Durch die Notgasse, über die Viehbergalm zum Hochmühleck und Steinitzen Alm

Dieser Wandertag ist sozusagen die Querung der Hochfläche von Süden nach Norden, in das Salzkammergut. Vom Gasthof Steiner aus gesehen verlassen wir nun die Schladminger Tauern und das Ennstal und wandern vom Stoderzinken über das Dachstein-Plateau und das Kemetgebirge Richtung Bad Mitterndorf. Am schönen Almweg wandert man zur Brünner Hütte und dann wieder über den Wurzelsteig im Lärchenwald bis zur Abzweigung „Notgasse" bei der Wiesmahd. Der schmale Pfad biegt rechts ab vom 618er und man folgt den Markierungen durch die Talsohle unterhalb des Kimpfling bis zur Notgasse. Der Brandner Urwald wird auf dem Weg durch einige schöne Lichtungen aufgehellt, wo in früherer Zeit Holzkohle erzeugt wurde. Die Notgasse ist eine Schlucht, eher düster, schmal und mit steilen, bis zu 60 m hoch aufragenden Felswänden umgeben. Bis lange in den Sommer liegt hier am Schluchtboden noch der Schnee und die bekannten Felsritzzeichnungen sind schwer zu entdecken, weil sie meist in Bodennähe sind. Sie stehen unter Denkmalschutz und einige wurden leider durch Ritzungen der Neuzeit verunstaltet und beschädigt. Eine genaue Datierung war bis jetzt noch nicht möglich, aber manche sollen bis zu 2000 Jahre alt sein. Der uralte Saumweg führt

Eingang zur Notgasse

Dachstein-Rundwanderweg

■ **Gehzeit:**
GH Steiner bis Viehbergalm ca. 3 Std., Viehbergalm–Steinitzenalm ca. 3–3 ½ Std., insgesamt 6–7 Stunden.

■ **Höhenunterschied:**
1180 Höhenmeter im Abstieg (427 Höhenmeter vom Steinerhaus bis Viehbergalm und 751 Höhenmeter vom Hochmühleck zur Steinitzenalm) 290 Höhenmeter im Aufstieg Viehbergalm–Hochmühleck

■ **Stützpunkte:**
Viehbergalm, UTM N 5260830, 33 413320, Ritzinger Hütte, UTM N 5260685, 33 413205 und Steinitzen Alm, UTM N 5266155, 33 415880.

■ **Abstieg ins Tal:**
von der Viehbergalm über die Öfen nach Gröbming. Von der Steinitzenalm über den Almgraben nach Bad Mitterndorf – Heilbrunn.

durch die rund 500 m lange Waldschlucht und wenig später erreicht man eine neuere Forststraße, die zur Brandalm führt. Dort zweigt der mit „Dachstein Rundwanderweg" beschilderte Steig, der „Bettlersteig" genannt wird, ab und auf diesem Pfad wandert man noch eine Dreiviertelstunde bis zur Viehbergalm. Dieses malerisch gelegene Almhütten-Dorf ist ein empfehlenswerter Rastplatz. Frische Almkost stärkt, die Aussicht macht Freude und der Weiterweg ist noch lang. Ein Abstieg ins Tal nach Gröbming ist von hier aus möglich. Der Dachstein-Rundwanderweg ist als solcher beschildert und führt direkt nach Norden zum höchsten Gipfel im Kemetgebirge, dem Hochmühleck mit 1738 m. Dieser Gipfel erhebt sich über den dichten Wald und gewährt eine schöne Aussicht über das einsame, waldreiche Kemetgebirge. Steil führt der Waldsteig hinunter zur Goseritzalm und weiter, immer im Wald bis zur Langmoos- und Steinitzenalm in ca. 1000 m Seehöhe. Die Steinitzenalm wird bewirtschaftet und liegt auf einer schönen Lichtung – Übernachtung ist möglich und die frischen Almschmankerl sind köstlich. Bis zu 8 Personen können hier unterkommen, ansonsten muss man noch bis Bad Mitterndorf absteigen, bis nach Bad Heilbrunn, wo sich auch die neue Grimming Therme befindet. (Knappe Stunde.)

Tag 6: Im Salzkammergut unterwegs zu Mooren, Karstquellen, stillen Waldseen und Schluchten

Wir sind an der Nordseite des Dachstein angelangt, haben das einsame Kemetgebirge durchquert und steigen nun von der Steinitzenalm über die Gschwend nach Mühlreith zur Jausenstation Stieger ab; das sind knapp 200 Höhenmeter im Abstieg und dann geht es fast nur eben weiter. Am Wanderweg Nr. 8 wandert man gemütlich

Gletschermühle im Bereich des Echerntales – Hallstatt

durch die Moorlandschaft des Mitterndorfer Beckens mit den vielen Birken, Tümpeln und sanften Kuppen. Im Wald versteckt liegen die „Strumern", das sind Karstquellen inmitten einer romantischen Waldlandschaft, wo nach Tagen großer Schneeschmelze oder nach langen Regenperioden starke Quellen entspringen. Auf engem Raum befinden sich mehrere Quelltöpfe, oft unterhalb von Bäumen oder Felsblöcken, deren Wasser sich dann innerhalb weniger Meter zu einem Wildbach vereinen. Ansonsten ist das Bachbett mit den vielen, grün bemoosten Bachsteinen ausgetrocknet. Nicht weit von diesen heimlichen Quellen entfernt liegt ebenfalls mitten im Wald der romantische Ödensee, der im Sommer zum Schwimmen einlädt, aber auch sonst immer ein einladender Rastplatz ist, denn die Kohlröserlhütte liegt am sonnigen Ufer und bietet ausgezeichnete Schmankerln an. Der Weiterweg (Nr. 17) entlang der Traun ist auch teilweise als Radweg ausgebaut, führt mitten im Mischwald mit wenig Steigung bis nach Bad Aussee. Als Alternative könnte man auch von Bad Mitterndorf oder von Pichl-Kainisch aus den Zug nach Bad Aussee nehmen. Idealerweise führt nämlich der Weiterweg nach Hallstatt direkt vom Bahnhof Bad Aussee entlang der Koppentraun durch die Koppenschlucht nach Obertraun. Reizvoll und leicht vom Bahnhof aus (Bushalte) erreichbar sind die schönen Salzkammergut Seen wie der große Grundlsee und der romantische Altausseersee – die ich bereits bei einigen Gipfeltouren vorgestellt habe. Das Wegstück entlang der Koppentraun ist sehr reizvoll und romantisch. Der Weg folgt dem klaren Fluss, biegt dann allerdings aufsteigend in den Wald ab, führt an der sogenannten Vogelhütte vorbei und erreicht wenig später wieder die Koppentraun. Diese wird auf einer Hängebrücke gequert und an heißen Sommertagen ist das folgenden Wegstück ein Genuss! Laut gischtend fließt der Wildfluss hier über große Felsen und Steine, bildet herrlich klare Gumpen, die zum Untertauchen (sehr kalt) einladen. Der schöne Weg verläuft eben und unmittelbar am Wasser bis zu einer Einkehrhütte. Sehr gemütlich. Am bewaldeten Ufer in der Schlucht geht es weiter, ein ehemaliger Eisenbahntunnel wird durchschritten und bald darauf zieht der Weg hinauf zur Koppenbrüller Höhle, eine heute noch tätige Wasserhöhle und ein beliebtes Ausflugsziel. Nach weiteren 10 Minuten Gehzeit erreicht man beim Gasthof Koppentraun das Ende der Schlucht und eine Einkehr kann ich wirklich empfehlen, denn schon die Speisekarte ist echt verführerisch. Gegenüber des Gasthofes liegt der Bahnhof, Fahrt nach Obertraun und Hallstatt ist möglich. Ansonsten wandert man Obertrauner Höhenweg (meist eben) im Wald nach

Hallstatt vom Rudolfsturm – gegenüber Obertraun

Obertraun und am Ufer des Hallstätter Sees weiter bis zum Bahnhof Hallstatt. Der liegt nämlich am nördlichen Ufer des Sees und Hallstatt gegenüber – die Fahrgäste, die hier aussteigen, werden mit dem Schiff nach Hallstatt gebracht. Außerdem finde ich, dass der Blick vom Bahnhof auf Hallstatt zu den schönsten Hallstatt-Ansichten zählt. Damit ist wieder ein Etappenziel erreicht und man kann sich mitten im romantischen Ort ein Quartier suchen und die Atmosphäre genießen.

Tag 7: Durch das Innere Salzkammergut am Soleweg von Hallstatt nach Bad Goisern

Man könnte durchaus von Hallstatt über Bad Goisern direkt nach Gosau zum Ausgangspunkt gehen und zwei Etappen zusammenlegen, das wäre zwar eine anstrengende Etappe mit mehr als 1000 Höhenmetern im Auf- und Abstieg, aber gut machbar. Aber eigentlich wäre es schade, denn a) es gibt in Hallstatt viel zu sehen, b) sind die berühmten Dachstein-Eishöhlen in der Nähe, c) ist auch das Echerntal ein Besuch wert und d) könnte man mit der Dachstein-Krippenstein-Seilbahn zum Krippenstein auffahren, die Aussicht bewundern und eventuell über die Gjaidalm nach Hallstatt absteigen ... Gründe genug, um sich für den Raum Hallstatt Zeit zu nehmen. In Hallstatt muss man einfach den Weg hinauf zur Katholischen Kirche mit dem berühmten Flügelaltar und dem Karner gehen, den Ausblick von oben genießen und sich die Häuser anschauen, die vermeintlich direkt am steilen Hang zu kleben scheinen. Auch das prähistorische Museum sollte man gesehen haben, vor allem in Kombination mit dem Gräberfeld beim Rudolfsturm, der gleichzeitig auch unser Ausgangspunkt für die Wanderung am Soleweg nach Bad Goisern ist. Zuvor aber noch der Hinweis für die Eishöhle. Entweder per Bus oder Taxi nach Obertraun zur Talstation der Dachstein-Krippenstein-Seilbahn. Die erste Teilstrecke bis zur Schönbergalm nimmt man, wenn man die Eishöh-

■ **Gehzeiten:**
Steinitzenalm–Ödensee ca. 2 ½ bis 3 Std., Ödensee–Bad Aussee ca. 1 ½ Std., Bad Aussee–Obertraun 2 ½ Std., ca. 7 bis 8 Stunden insgesamt. Alternative: Eisenbahn Teilstücke.

■ **Stützpunke unterwegs:**
Jausenstation Stieger, Kohlröserlhütte am Ödensee, Einkehrhütte in der Koppenschlucht, GH Koppentraun und Gasthöfe in Obertraun und Hallstatt.

■ **Höhenunterschied:**
insgesamt von der Steinitzenalm bis Hallstätter See 460 Höhenmeter im Abstieg

Dachstein-Rundwanderweg

Nordansicht des Dachstein von der Zwieselalm aus

len besuchen möchte. Weiter zum Krippenstein fährt man der Aussicht wegen und die 3. Teilstrecke der Seilbahn führt die Wanderer bergab zur Gjaidalm. Dort beginnt eine aussichtsreiche Wanderung im Angesicht der nördlichen Dachstein-Gletscher. Am Weg Nr. 654 wandert man auf gut ausgebauten Wegen in ca. 2 ½ Stunden durch die Bärengasse zum Wiesberghaus – prachtvolles Panorama. Der Abstieg nach Hallstatt führt am Weg Nr. 601 vom Hochplateau durch den Wald zur nicht bewirtschafteten Tiergartenhütte und über eine alpine Passage weiter steil hinunter in die Nähe der großen Quelle, der Waldbachstrub. Weg 601 führt am Gletschergarten Steig in das Echerntal, Weg 641 führt über den schönen Schleierfall in das Echerntal und weiter entlang des tosenden Waldbaches nach Hallstatt, zur Talstation des Schrägaufzuges zum Rudolfsturm. 300 Höhenmeter geht es zu Fuß oder mit dem Schrägaufzug hinauf zum Rudolfsturm. Eine der schönsten Aussichten auf Hallstatt, ein guter Gasthof, das prähistorische Gräberfeld und der Eingang zum Salzbergwerk bietet dieser Ausgangspunkt. Der Soleweg Nr. 4 führt zunächst in nördlicher Richtung, dann steigt man die vielen Stufen im Mischwald zum Mühlbach hinab, quert diesen und dann schlängelt sich der Steig durch die „Höll", an schroffen Felsen vorbei bis zum Hallstätter Bannwald bergab. Schöner Ausblick auf den Hallstätter See. Die hohe Brücke

Die geheimnisvollen Karstquellen, die Strumern

über den Gosaubach ist das nächste Highligt: 43 m hoch und 135 m lang führt sie über den Gosauzwang – sie wurde von einem Salinenarbeiter konstruiert! Dieses (S 10/601) Wegstück wurde als Themenweg gestaltet und erzählt die Geschichte des weißen Goldes und der Vergangenheit. Dieser Weg führt ganz in der Nähe des Hallstätter Sees und der Straße entlang bis nach Steeg und dann ist es nicht mehr weit bis zum letzten Übernachtungsort, Bad Goisern, der speziell zum Thema Handwerk und lebendigem Brauchtum viel zu bieten hat. Sollte die Zeit für diese 2½-stündige Wanderung zu viel sein, so kann man auch mit dem Zug oder mit dem Schiff nach Bad Goisern kommen und so noch mehr Zeit für Hallstatt, den Krippenstein oder Bad Goisern haben.

Tag 8: Auf steilen Pfaden über die Goiserer Hütte noch Gosau

Dem Weltkulturerbe Dachstein auf der Spur – so könnte man die Umrundung auch nennen. Im Inneren Salzkammergut ist zwar der Dachstein nicht ganz so nahe wie auf der Südseite, aber seine Gletscher und die ausgedehnte Hochfläche mit den beiden alpinen Schutzhütten, wie Simony- und Adamekhütte, sind vom Krippenstein aus wunderbar zu überblicken. Prof. Friedrich von Simony hatte sich der Erforschung des Dachstein verpflichtet – er verbrachte im September 1843 zwei Nächte am Dachstein-Gipfel – als erster Mensch überhaupt. Er hat auch auch eine Leiter bei der Randkluft hinterlegt und den ersten Klettersteig weltweit, den „Normalanstieg", zum Dachstein initiiert. Und seine Freundschaft mit Adalbert Stifter hat zur weltberühmten Geschichte „Der Bergkristall" geführt, indem Simony Adalbert Stifter von seinen Erlebnissen am Gletscher und am Dachstein erzählte und dieser sie in seiner Erzählung „Bergkristall" verarbeitete.

Beide waren oft in Hallstatt und die ersten Erkundungstouren zum Dachstein erfolgten von Hallstatt, also vom Norden, aus. Und die letzte Etappe für die Dachstein-Umrundung starten wir im Zentrum von Bad Goisern, wandern an der Evangelischen Kirche vorbei zur Ortschaft Gschwandt. Wir folgen dem Weg Nr. 801A/880 und steigen uns links haltend (auch Markierung Via Alpina) zu den Hütten der Trockentann Alm auf. Hoch oben, auf einer Felsklippe, ist schon die Goiserer Hütte sichtbar – über gut angelegte Serpentinen steigt man steil durch den Kesselgraben auf, vorbei an alten Lärchen bis zum Bründl, einem schönen Rastplatz, ca. ½ Stunde unterhalb der Hütte. Es folgt noch ein letzter steiler Aufschwung und in einem Halbbogen unterhalb des Sonnenwendkogels wird die reizvoll gelegene Goiserer Hütte erreicht. Im Juni und Juli sind die Wiesen rund um die Hütte voll mit Enzianblüten und Steinröserl. Der luftige Standort der Hütte bietet einen hervorragenden Blick zum Toten Gebirge und nach Bad Goisern. Wer aber noch einmal einen Dachstein-Blick haben möchte, muss noch einmal 45 Minuten Aufstieg investieren, zum Kalmbergipfel mit 1883 m, wegen seiner markanten Form auch „Indianer" genannt. Der Abstieg nach Gosau (801 A) führt nach Süden durch den Wald zu einer buckligen Almwiese, auf der 15 kleine, hölzerne Almhütten stehen, die alle mit fein säuberlich aufgestapelten Steinmauern umgeben sind. In der Folge durchwandert man einen

■ **Gehzeiten:**
Soleweg vom Rudolfsturm nach Bad Goisern, ca. 2 bis 2 ½ Stunden.
Variante Krippenstein: Schönbergalm – 1. Teilstrecke – Führung durch die Dachstein Eishöhle.
Abstieg von der 3. Teilstrecke „Gjaidalm" nach Hallstatt – ca. 5 Stunden Gehzeit

■ **Höhenunterschied:**
1340 Höhenmeter im Abstieg.

Dachsteingruppe

■ **Gehzeit für die letzte Etappe:**
ca. 5–6 Stunden gesamt. Aufstieg und Abstieg je 2 ½ Stunden.

■ **Höhenunterschied:**
1100 Höhenmeter im Aufstieg, 856 m im Abstieg.

■ **Stützpunkte:**
Goiserer Hütte und Jausenstation Iglmoos Alm, UTM N 5273280, 33 390685

■ **Information zum Dachstein-Rundwanderweg:**
www.dachsteinrundwanderweg.at

■ **Zentrale Infostelle:**
Urlaubsregion Schladming-Dachstein, Tel. +43 3687 23310, es gibt auch einen kleinen Wanderführer zum Rundweg – ebenfalls über dieses Büro bestellbar. Buchungsstelle ist die Salzkammergut Touristik in Bad Ischl, Tel. +43 6132 24000-77

■ **Hütteninformationen:**
Gablonzer Hütte auf der Zwiesel Alm, 1552 m, UTM N 5265510, 33 385590, Tel. +43 6136 8465
Hofpürglhütte, 1705 m, UTM N 5259820, 33 388430, Tel. +43 6453 8304 oder +43 676 3718566
Bachlalm (bei Abbruch), 1490 m, UTM N 5294405, 33 414885, Tel. +43 664 9130309
Dachstein Südwandhütte, 1871 m, UTM N 5257185, 33 395655, Tel. +43 2687 81509
Gletscherbahn Dachstein und Wettertelefon: Tel. +43 3687 22042-500
Guttenberghaus, 2146 m, UTM N 5256095, 33 400790, Tel.: +43 3687 22753
Brünner Hütte und Alpengasthof Steiner/Stoderzinken, 1872 m, UTM N 5257385, 33 410925, Tel. +43 664 2660342
Viehbergalm-Ritzinger Hütte, 1445 m, UTM N 5260690, 33 413200, Tel. +43 3686 22474 oder +43 676 9459817
Steinitzen Alm, ca. 980 m, UTM N 5266310, 33 415875, Tel. +43 3624 270 oder +43 664 5014389

■ **Informationen für Obertraun und Hallstatt u. Seilbahnen:**
www.dachstein-salzkammergut.com
Infobüro Obertraun: Tel. +43 6161 351
Infobüro Hallstatt: Tel. +43 6134 8208
Infobüro Bad Goisern: Tel. +43 6135 8329
Goiserer Hütte, 1592 m, UTM N 5275140, 33 391910. Tel. +43 664 75023017
Infobüro Gosau, Tel. +43 6136 8295

Dachstein-Rundwanderweg

Wildzerklüfteter Gosaukamm

schönen Hochwald bis zur Iglmoos Alm. Immer wieder blickt man bei Waldlichtungen zum zerklüfteten Gosaukamm und bei der Alm lässt es sich noch einmal gut rasten – denn, der letzte Abstieg steht uns bevor. Man quert die Forststraße und steigt auf dem schmalen und wirklich steilen Steig geradewegs durch den Wald hinunter (1 Std.) bis nach „Schindereben", am Ortsrand von Gosau. Dort ist auch eine Bushalte. Oder, man zweigt etwas oberhalb schon rechts ab und folgt dem Pfad zu den Kirchen in Gosau. Gosau ist eine langgestreckte Streusiedlung, seine Bewohner sind ebenso protestantisch wie die Ramsauer und bei der Fossilienschleiferei Gapp findet man großartige Fundstücke aus dem Bereich des Dachstein, wie Ammoniten, versteinerte Schnecken, Muscheln, Korallen usw. Je nachdem wie man angereist ist – eine dreistündige Wanderung am Panoramaweg bringt uns zum Gosausee, oder man fährt mit dem Bus oder Taxi. Damit hat sich der Kreis geschlossen – einmal rund um den Dachstein. In Etappen, die man je nach Lust und Laune erwandert, unterbricht und eventuell später weiterwandert. Ich habe mich bemüht, bei den einzelnen Tageswanderungen die jeweilige Charakteristik aufzuzeigen, neben den üblichen, klaren Fakten – damit können Sie selber entscheiden, welche Route Sie besonders anspricht. Fazit: Der Dachstein ist es wert, etwas intensiver erlebt zu werden – dazu verhilft der Dachstein-Rundwanderweg.

Register

Backenstein 62
Breitlahnhütte 84, 90, 166
Dachstein 124, 132, 144, 170
Dachstein Südwandhütte 125, 130, 148, 176
Deneck 80
Erzherzog-Johann-Hütte 78
Giglachsee 118
Giglachseehütte 122
Gindlhorn 54
Gollinghütte 100, 106, 160
Gosau 186
Graf-Meran-Haus 28
Greifenberg 100
Grimming 66
Großer Bösenstein 50
Großes Tragl 58
Grundlsee 62
Hallstatt 184
Hans Wödl Hütte 94, 99, 112, 166
Heukuppe 20
Hochgolling 106, 161
Hochschwab 30
Höchstein 112
Hochtor 44
Hochstubofen 76
Hochwildstelle 92, 166
Hochwurzen 157
Hofpürglhütte 172
Hohe Rams 142
Hohe Veitsch 26
Hoher Gjaidstein 132

Hunerkogel 126
Ignaz-Mathis-Hütte 118, 155, 160, 169
Kaibling (Admont) 40
Karl-Ludwig-Haus 20
Keinprechthütte 159
Klafferkessel 100
Kleiner Bösenstein 50
Kleiner Gjaidstein 132
Kufstein 150
Landawirseehütte 169
Loser 72
Lungauer Kalkspitze 118
Oberst-Klinke-Hütte 42
Predigtstuhl 84
Preintalerhütte 99, 100, 112, 163
Ramsau 124, 130, 134, 142, 148, 152
Rax 18
Reichenstein (Eisenerz) 36
Riffel 40
Rötelstein 144
Scheichenspitze 136
Schneealpe 22
Seethalerhütte 130
Sparafeld 40
Steirische Kalkspitze 118
Tauplitzalm 60
Türlwand 130, 175
Ursprungalm Hütte 122
Windberg 22

Ein Wanderbuch über die Steiermark, das so ist wie die Steiermark selbst: ein bisschen weniger Geschäftigkeit, dafür etwas mehr Herzlichkeit. Die beschriebenen Wanderungen führen in die imposante Bergwelt der Steiermark und legen einen Schwerpunkt auf landschaftliche Schönheit und kulinarische Spezialitäten. Die Toureneinteilung nach Schwierigkeitsgraden für Erwachsene und Kinder sowie die GPS-Daten erleichtern die Planung.

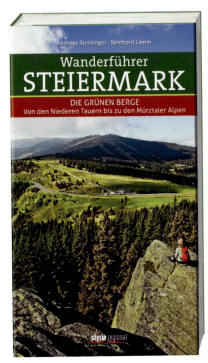

Andreas Steininger · Reinhard Lamm
WANDERFÜHRER STEIERMARK
Die Grünen Berge: Von den Niederen Tauern bis zu den Mürztaler Alpen
208 Seiten; Klappenbroschur; 13,5 x 23 cm
€ 19,99 · ISBN 978-3-7012-0137-2

styria regional